在日の涙——間違いだらけの日韓関係　目次

第一章　在日に生まれた宿命――私の生い立ち

第二章　「反日韓国」への違和感

第五章　韓国外交はなぜ裏切るのか

第一章

在日に生まれた宿命——私の生い立ち

在日二世として

私の父は、１９３１年、現在の韓国南部の済州道から来日した。日韓併合後ではあるが、いわゆる強制連行ではない。兄弟が９人という子だくさんの家族で、戦時下の韓国では食っていけないと、長男である父が、一家を救うための出稼ぎで、日本にやって来た。最初は大阪で、土木作業員などをやりながら、それなりの生活基盤を築き、祖父と祖母を日本に呼んだのだ。同じように渡日していた母と結婚したのも大阪である。

父の仕事が転機を迎えたのは、日本の敗戦である。それまでは土木作業員のかたわら、新聞配達などの仕事もしていたが、終戦と同時に上京し、進駐軍の余剰物資を浅草や上野の闇市に流す利権を手に入れたようだ。一時は「辺三兄弟」といえば、上野界隈では闇市を仕切る、ちょっとした「顔」だったようだ。二番目の叔父が、縄張り争いにからんで、当時「銀座の虎」と呼ばれていた東声会の町井《まちい》久之《ひさゆき》に拉致《らち》されたのもその頃のことである。混乱と無秩序の中で、日本人も在日朝鮮人も、誰もが生きるのに必死だった時代である。

私が生まれたのは終戦から2年経った1947年。したがって、団塊世代のはしりといえる。物心ついた頃の住まいは荒川区三河島。朝鮮人には部屋を貸さないとか、いまでいうところの「きつい、汚い、危険な」3Kの肉体労働以外に仕事がない、というような差別は実際存在していて、例えば金さんがうまく部屋を借りられた、近くには働き口がある、となると、そこに金さんの親戚や知人、同じ村の出身の人たちが集住するという現象が起きたのである。当時の言葉でいうところの「朝鮮部落」である。ただ、こうした環境のおかげだと思うが、私は幼年時代、青春時代を含めて、著しい差別を受けたという記憶がない。周囲が全員、朝鮮人ということで、「朝鮮部落」は、日本人からの差別をガードする格好のシェルターの役を果たしてくれたようだ。

とはいえ、5~6歳頃になると、「日本で暮らしているのに、なぜ、まわりは朝鮮人ばかりなのか」という素朴な疑問がわいてくる。もう一つ、自分がこの国では異邦人だと目覚めさせてくれたのは、父の名刺であった。名字（姓）が実に頻繁に変わるのである。ある時は「渡辺」、ある時は「田辺」、さらに「和田部」。これが不思議で母に聞いたことがある。すると「朝鮮名（本名）を知られて朝鮮人とわかると、職を失ったり、偏見の目で見られるので通名を変えざるを得ないのだ」ということであった。そうやって民族意識に目覚めていったのであるが、父母も私たちを育てるために相当苦労したのだなと、思ったものだ。

基本的には、我が家の通名は「渡辺」で、私もそれを踏襲《とうしゅう》した。小学校は三河島の朝鮮学校、当時は東京都立朝鮮第一小学校であった。

ここで、忘れられない記憶がある。小学校4年生のある日のこと。学校に行くと、教室の正面に、左側にスターリン、右に毛沢東、そして真ん中に金日成の肖像写真がバーンと掲げてあった。つまり学校の運営主体が日本(東京都)から、できたばかりの朝鮮総連に移ったのだった。朝鮮総連とは「在日本朝鮮人総聯合会」が正式名称で、日本に住んでいる朝鮮人(北朝鮮系)の権利を守るための団体だ。北朝鮮を支持する団体である。3年生までは朝鮮学校といっても、日本の公立学校と同じ通信簿を使っていて、先生も日朝半々、校長先生も一人ずつ任命されていた。石津元治という校長先生がいたことを今でも覚えている。歴史や地理、朝鮮語などの教科は朝鮮人の教師が教えるが、算数や理科、家庭科など、その他の教科は日本人の教師がついて、日本人と同じ教育を受けていた。

1955年に朝鮮総連が結成されるまでは、北も南も総連も民団(在日本大韓民国民団)もなく、朝鮮人も韓国人も、密航者も、その学校に一緒に通っていた。しかしある日突然、教室に肖像画が掲げられるようになると、民族教育が主体になり、通信簿も完全に朝鮮語に変わった。朝鮮人の朝鮮人による、朝鮮人のための学校に変わったのだ。この影響はかなりのもので、現在にいたる私の民族意識の強さにつながっていると思う。

日雇いの仕事をする両親を見て育った幼い私には、将来の夢など描けなかったが、ある日学校に、国鉄スワローズのエースだった大投手、金田正一さんが訪問し、バットなどを寄贈して「夢を持って頑張れ」と励ましてくれたことがある。私は圧倒され、「金田さんのように世間から評価される人になりたい」と思うようになった。

通名こそ使っていたものの、幼くして民族教育を受けたことは、私にコリアンとしての自覚と誇り、ある種の強靭な精神力を与えてくれたが、一方で、思春期になると、今度は私の前に、壁となって立ちふさがった。なにしろ民族学校の教科書は、英語も数学もハングル（朝鮮文字）。歴史は北朝鮮の視点なので、加害者としての姿以外、日本のことなど何も教えない。当然、朝鮮高校は文部省から普通の高校とは認められず、各種学校扱いだった。日本の大学に進学するには、いわゆる「大検」、大学入学資格検定試験に合格する必要があった。とはいえ、そんな準備をしていなかった私は、検定試験には絶対に通らないと思っていた。

ところで、民族学校で私は、中学になると、ロシア語コースか英語コースを選択することになっていたのを、幸いにも英語を選択していた。同級生の中でも優等生や朝鮮総連の活動家を目指すものはロシア語を選択するので、英語コース選択者は思想的にちょっと問題があるとか、落ちこぼれと見られていた。私は勉強もできなかったし、担任の先生も何も言わなかったので漠然と英語コースを選んだのだが、これが大学受験にプラスに作用した。

当時の大学受験では、三科目選択が条件だったが、考えてみれば「国語」はハングルしか学んでおらず、日本の古文や現代文は知らないので、おそらくまったく歯が立たない。歴史は日本史は無理だが世界史なら各国共通だろうと思って（実際は違っていたのだが）、なんとかなるだろうと考え、英語だけは多少の自信があったので、これで勝負をかけようと考えた。

これがみごとに当たったのである。なにしろ「大検」に通っていないのだから、そもそも受験資格がない。しかし「願書」を提出するのは自由だ。そこで都内の幾つかの大学に願書を送った。もちろん門前払いを覚悟していたが、偶然にも「辺真一」という名を、日本名の「あたりしんいち」や「なべしんいち」だと誤読して願書を受け付けた大学もあったが、試験日直前に突然『来校されたし』との電報が来て、行ってみると、「たいへん申し訳ないが、誤って受理してしまった」ということだった。もし名字が〝朴〟とか〝金〟とか〝李〟であったなら、すぐに拒否されていたことだろう。日本には約30万もの姓があるそうだから、私などよりも変わった姓が存在しているため、彼らの間違いを生んだのだろう。

それはともかく、この、私を最初は日本人と勘違いして、朝鮮高校卒とわかっても受験を認めてくれたのが明治学院大学だった。

私の時代、朝高の同級生は一クラス50名ほどいたが、そのうち日本の大学に進学する者は5、6名にすぎなかった。貧しさという理由もあったろうが、それ以前に受験そのものを受けつけてもらえなかったのである。民族学校を選択するのは、だいたい親である。先にも記した、朝鮮部落や民族学校にいる時は、排他的ともいえるバリアーに包まれ、極端ないじめや嫌がらせに遭うこともなく、ある種の安逸を感じて生活できたのだが、一方で思春期になると、親が選択したコリアの世界から脱出したいという気持ちも湧いてきていた。なにしろ当時の私は、想いを寄せる近所の日本人女性に最後まで「ピョン・ジンイルです」と正直に本名を告げることすらできなかったのだ。多感な青年期に、親の選択した居住地や学校などの社会環境に抵抗を感じ、ひそかに脱出を夢見ることは無理もないことであろう。私にとって、その第一歩が大学進学であった。

在日コリアンが選べた道はたったの「三つ」

大学では「辺真一」を名乗ったが、「ピョン・ジンイル」ではなく、「ナベ・シンイチ」で通した。友人は「ナベ」「ナベ」と呼んでいたから、あながち嘘の名前というわけでもなかった。

ところで、本名を使用しなかったというと、「本名を名乗れないほど差別を受けているからだ」と、ネガティブな受け取り方をされがちである。ところが、実はけっこう気楽な面もある。単純にいって「日本式」と「ハングル式」の二つの世界を持つことができるからだ。知恵の働く人は二つも三つも通名を持ち、「A」で仕事に失敗すると「B」で新たな仕事を始め、成功したら「C」を名乗るという具合である。

昔、片岡千恵蔵という大スターが「多羅尾伴内《たらおばんない》シリーズ」という人気映画で、「ある時は片目の運転手、ある時は画家、またある時は老警官、その実態は私立探偵」という名ゼリフを吐く場面があったが、あの気分を少しは味わうことができたといえばいいだろうか。

　大学で出席を取る先生が、私の名前を呼ぶ時、どう読めばいいかと、必ず一呼吸置く。私もある時は「ナベ・シンイチ」、またある時は「アタリ・シンイチ」、「ヘン・シンイチ」そして「渡辺真一」と、臨機応変に使い分けていた。そもそも日本人が辺を「ピョン」と読むことは不可能だから、どう呼ばれても、ハイと返事をする用意ができていた。たまに先生が私を「あたりしんいち君」と呼ぶと、冗談で「ハイ、当たりです」と答えていた。今も大学時代の同窓会では「ナベ君」と呼ばれるが、そのほうがピンとくる。レストランや旅館を予約する際も、便宜的に「なべしんいち」を使う。その方が通りやすく、聞き間違いなど無用のトラブルを避けられる。

　それはともかく、当時は在日コリアンに大卒後の就職口などあろうはずもなかった。せっかく日本の大学を出ても、サラリーマンになるのは夢のまた夢の話だ。私が大学を卒業して就職したのは１９７１年。地方公務員採用の国籍条項が現業職などの条件付きで撤廃されたのは70年代の近畿圏だが、全国の自治体に広がるには時間がかかり、96年の自治省による容認を待たねばならなかった。

当時、在日コリアンの進む道は三つしかないといわれていた。一つは親の仕事を継ぐこと。屑鉄屋だとか、焼肉など飲食店、パチンコ、街金融など、あげればきりがないが、いわゆる自営業である。

二つ目は、腕っぷしに自信のある人間が暴力団、ヤクザ稼業に入る。私より上の世代では、極道になった在日は多い。すぐに思い浮かぶのが、柳川組組長（三代目山口組若中）の柳川次郎（1923年生まれ、本名梁元錫《ヤンウォンソク》）、銀座の虎と呼ばれた町井久之東声会会長（1923年生まれ、本名鄭建永《チョンゴニョン》）、京都の高山登久太郎《とくたろう》会津小鉄会会長（1928年生まれ、本名姜外秀《カンウェス》）、池袋を拠点とする極東会の松山真一会長（1927年生まれ、本名曺圭化《チョギュファ》）、そして稲川会・清田次郎五代目会長（1940年生まれ、本名辛炳圭《シンビョンギュ》）などまさに腕一本でのしあがっていった人たちだ。私の世代でも、すでに名の知られていた彼らに影響を受けて、この道に入った者も非常に多かった。彼らは軍事独裁政権時代の韓国を支える「黒い人脈」でもあったのだ。

そして三つ目には、才能があったり顔がよい場合、スポーツ界や芸能界に入ること。これは今の若い世代でも同様だが、世間で名の知られた、野球やゴルフなどプロスポーツ選手や角界、芸能界で活躍している有名人には、これもあげればきりがないほど、在日が多い。昔は紅白歌合戦を見ていると、日朝歌合戦かと思うほどだったが、プロフィールは通名で通しているため、かつては雑誌などで出自を暴露する、煽情《せんじょう》的な特集記事が組まれた時代もあった。しかし今ではさすがに売れなくなったと見えて、ネットの噂話程度にとどまっているのは、多少の進歩か。

それでも本名を名乗って仕事をしている在日は、今なお圧倒的な少数派だ。ビジネスで自信のある人は、ソフトバンクの孫正義社長やマルハンの韓昌祐《ハンチャンウ》社長のように、本名で堂々とやっているが、これは一割程度にすぎず、90％はまだ通名を使っている。

よく日本のマスコミは犯罪報道でわざわざ「田中ことキム何某」と書くのに、活躍している芸能人やスポーツ選手に関しては、本名を意図的に隠そうとしている、と見る向きが、在日社会にはある。仮に、何か事件を起こせば必ず本名が出るとなれば、それだけ在日の犯罪は減るだろう。それほど韓国・朝鮮人というのは日本人よりもメンツやプライドを重んじるし、一族や家族、きょうだいの絆が強い。自制を促す意味では、本名報道のほうがいいという意見もあるに違いない。

実際、われわれには二重生活がある。すなわち在日社会では本名、日本人社会では通名をうまく使い分けて社会生活を送る。理想論だけいえば、本名で仕事も公的生活も送れるようになるのが望ましい。皆が名乗るようになれば、まわりもそう認識し、やがて自然なことになる。ただ、個人としてどちらか選べと突きつけられるのは、困難だろう。本名が出てしまうと、辺家一族に顔向けできない、だから隠したい、これまで渡辺という通名で暮らしてきたから、本名が知られると困る人もいる。こうなると、在日個人の選択にしてしまうのは酷で、警察司法などの制度の問題だ。これまでずるずるとあいまいにしてきた、本名か通名か、どちらか一本に絞ったほうがいい時期がとっくに来ている。なぜなら、日本という国と社会がどちらを望むのか、はっきりさせる意味があるからだ。つまり本名でも共存できる社会になるのか、かつてのように日本名で済ませるのが穏便でいいのか、警察発表でどちらの名前を使うか、日本政府に制度として決めてもらえばいいと思う。

以前私は『強者としての在日』（2000年刊）という本を書いて、在日の起業家精神を紹介したが、通名だから知られていないだけで、在日の社会的成功者は実に多い。個人の力でのし上がれるような職業を選んだこともあるが、やはり目に見えない差別が背景にあったのだ。われわれの両親たちは目に見える差別を体験したが、二世、三世はそこまでの差別は体験しなかったかもしれない。しかし、目に見えない差別に対する反発をバネにして、のし上がったといえる。

そうやって成功できる土壌が、日本社会に次第にできていったことも、忘れてはなるまい。もちろん本人がハンディをバネにして、努力してきたことは当然だが、自分の半生を振り返ってみても、もとは強固に存在していた職業差別がだいぶ緩和されてきたと同時に、社会で成功できるような環境、条件の面において、日本社会がずいぶん変わったことを実感する。その意味で、社会が成熟してきたことは間違いない。

二度の政治的転換

民族意識の強かった私が、大卒後に就職を決めたのは、総連の機関紙や雑誌を発行する出版報道機関の新聞記者であった。民族意識と正義感に駆られた私は、韓国の軍事独裁政権を倒したいと思っていたが、現地で活動することは難しいので、日本で韓国国民の声を伝えようと、ジャーナリストになる決意をしたのである。最初の二年間は英字新聞の担当に配属され、次にフランス語の翻訳と校正。これは私が英文科卒業で、第二外国語がフランス語だったという理由だ。私は日本の大学を卒業していたから、同級生には日本のマスコミに就職した仲間がいて、情報交換や人を紹介してもらうことができた。当時知り合ったのがインサイダーの高野孟《はじめ》、インサイドラインの歳川隆雄《としかわたかお》、元日刊ゲンダイで現在BS11の二木啓孝《ふたつきひろたか》、佐高信《まこと》、田原総一朗らのジャーナリストだった。おかげで1973年に金大中が東京・九段のホテルグランドパレスから韓国へと拉致される事件が発生した際、それなりの情報を得ることができ、翌74年には特捜部に抜擢《ばってき》され、その後社会面で韓国を担当する記者を務めた。

よく私の立場について質問を受ける中で、北朝鮮と韓国のどちらに肩入れするのか聞かれるが、今の私は親北でも親韓でもない。南北狭間《はざま》の「在日」という中立の立場を貫いている。

まず1980年に、独立を志して朝鮮新報社を辞めた。これが私にとって最初の政治的転換であり、別の言い方をすれば、北朝鮮との決別を意味していた。

私が編集長を務める朝鮮半島問題専門誌「コリア・レポート」のスタートは1982年である。それから1992年までの10年間は、韓国のメディアで伝えられた情報を、ハングルの読めない日本在住の読者に向けて紹介する内容だった。韓国情報に特化した理由は、当時の全斗煥、盧泰愚の軍事政権下におかれていたことがある。1979年の朴正熙暗殺と1980年5月の光州事件の衝撃がさめやらぬ中、当時の日本のメディアや世論は、北朝鮮よりも韓国の動向に関心を奪われていた。

私は韓国における言論の自由の獲得と、民主化を待望していた。あとで述べるが、ある意味で今の北朝鮮と変わらない体制だったのだ。

とはいえ、経営は苦しかった。青森で焼肉店を経営していた両親から、「跡を継げ」といわれて諦めようと思った86年、「北朝鮮でクーデターが起き、金日成が射殺された」という衝撃的なニュースが流れ、あるテレビ局が私に見解を聞いてきた。これまでの経験から分析して誤報と考え、解説したところ、2日後に金日成の生存がわかり、私の観測通りになったのである。これが三度目の僥倖《ぎょうこう》であった。翌87年には大韓航空機爆破事件、88年にソウルオリンピックと、韓国情報のニーズが増え、仕事を続けられたのだ。

そして1992年を境に、誌面は一変した。今度は北朝鮮情報を主体とするようになった。今でも9割方が北についての情報である。この編集方針からもわかるように、私は92年を境に二回目の政治的転換を果たしたことになる。実はこの年、私は韓国に入国できるようになった。ということは、満足いくレベルではないものの、文民政権下で、ある程度の民主主義や言論の自由が保障されるようになったのだ。そこで、ターゲットを北朝鮮にシフトチェンジしたわけである。

南北のどちらにも肩入れしないという言い方は、よく批判を受ける。韓国・朝鮮人は真ん中の色を中途半端だと嫌い、白か黒かの二者択一を迫るのが、いわば民族気質だからだ。しかし私は、在日として練り上げてきた、どちらにもつかない是々非々の立場に、自信を持っている。

1985年の神戸ユニバーシアードで、韓国と北朝鮮の国旗ではなく、一つの応援旗を持って応援しようと呼びかけ、実際にやってみせた。その15年後、2000年のシドニーオリンピックで、南北の選手団が国旗ではなく同じ統一旗を持って入場行進をしたが、その先鞭《せんべん》をつけたわけだ。とはいえ、発案したのはもちろん私ではない。

1984年のロサンゼルスオリンピックに、北朝鮮は出場する予定であった。そこでニューヨーク在住の在米韓国人を中心に、北朝鮮・韓国選手団が来るなら、オリンピック史上初の南北の選手団の入場を、それぞれの国旗ではなく統一応援旗で応援しようとの運動が始まった。

結局、80年のモスクワオリンピックをアメリカと西側がボイコットしたのに対抗して、今度は北朝鮮を含む東側各国がロス五輪をボイコットしたために、この計画は頓挫してしまった。そこで私が、その精神を継承して、翌年に神戸で開催された大学生のオリンピック、ユニバーシアードに参加する南北選手団で実践してみようと考えたのである。白地に青色で朝鮮半島の地図を書き、英語で「KOREA」と大書した旗を作成した。北朝鮮も韓国もKOREAという国名を使っており、民族は一つという気持ちと、ともに頑張れと応援する気持ちを込めたつもりであった。

だが、神戸ユニバーシアードの会場で、応援旗を配ったものの、総連と民団の関係者の多くは手にとろうとしなかった。右手で韓国や北朝鮮の国旗、左手で応援旗を掲げてほしいと訴えたが、ムダであった。それが現実であり、今も事情は変わっていない。白か黒か、南北のどちらにつくのか、旗幟《きし》を鮮明にせよというわけだが、日本で暮らす在日のオールドカマー、私を含めた二世、三世は、韓国にも北朝鮮にもつきたくないという心情を持つ者が圧倒的多数を占めていると思う。とりわけ若い世代はそうだろう。

なぜかといえば、北朝鮮にはとうの昔に幻滅しているけれども、今の韓国にもほとほと愛想が尽きた、という人が多いからだ。

東西冷戦の中で、朝鮮戦争以後の南北対立は、中東やアフガニスタン、アフリカであったような、大きな軍事衝突が起こり得る危険性をはらんでいた。それを半世紀かけて、多量の血を流さなくても済む、統一をめざす対話の余地が少しずつ進展してきた。南北がまがりなりにも経済的に存続し、統治基盤を安定させるにあたって在日が果たした役割は、それなりに大きかったのだ。

例えば朝鮮総連のような北朝鮮系の外国組織は、日本以外に存在しない。一時、アメリカに「第二の朝鮮総連」を作る動きがあった。最終的にはつぶされたものの、在米韓国人の多くは北朝鮮に属する地域の出身者である。要は、北朝鮮出身者は韓国で蔑視《べっし》、差別されるので、アメリカに渡った者が多い。そこで北朝鮮出身者の組織を作る条件が整っていると思いきや、実現しない。逆に日本では、朝鮮総連支持者の圧倒的多数は韓国に属する地域出身（特に済州島出身者が多い）だから、北系、南系の組織が分かれて存在することになる。

組織が南北にねじれて分かれているからこそ、日本では、必然的に統一をテーマとする運動が展開されるわけだ。１９８５年の私の南北統一応援旗もそうした動きだったが、もう一つ手前味噌を承知で紹介したいエピソードがある。

１９９０年、韓国と北朝鮮が国連に同時加盟した。私は、この画期的な出来事を記念するイベントを企画した。ところがこれまた韓国、北朝鮮から、つまり民団、総連から敬遠されてしまった。北朝鮮も韓国も、本音では単独加盟を果たしたかったが、結局、一緒に入るしかなくなり、仕方なく加盟したいきさつがある。要は一緒に祝いたくないということだ。滑稽《こっけい》なことであるが、こうした政治に起因するトラブルも、いつも繰り返されてきたことだ。

しかし私は半島ではなく、東京から国際情勢を見ていたから、南北同時加盟はすばらしいことだと判断し、亡くなられた菅原文太さんをはじめ、都はるみさん、アントニオ猪木さん、田原総一朗さん、三枝成彰《しげあき》さんなど、20人ほどの著名人に声をかけ、日本人に同時加盟をお祝いしてもらう会を、91年に東京・目白の椿山荘で開催した。

とりわけ前代未聞だったのは、当時の韓国の盧泰愚大統領と、北朝鮮の金日成国家主席の二人の写真を並べて、いわばツーショットで会場正面に掲げたことだった。パーティでは、韓国の高麗人参と北朝鮮の朝鮮人参を、大きな器に混ぜて入れ、参加者で乾杯した。

日本人にはあまり知られていないが、高麗人参と朝鮮人参は違う。北朝鮮では正確にいうと開城人参となり、本場は開城である。これを言うと韓国人は怒り出すが、朝鮮戦争が長引いた最大の理由の一つは金剛山と朝鮮人参の奪い合いにあった。金剛山は38度線の少し北側にある、「金剛山を見ずして死ねない」と言われるほどの名勝の山だ。もうひとつは開城である。開城は高麗時代の首都で、歴史的な古都であるだけでなく、朝鮮人参の本場でもある。金剛山と開城を南北どちらが押さえるかをめぐって、最後の1年間、交戦状態が続いたといわれるほど、朝鮮人参は重要なものなのだ。だから韓国にとっておそらく一番悔しいのは、金剛山と開城を北に取られたことではないだろうか。

椿山荘のパーティの9年後の2000年6月、金正日と金大中の南北首脳会談が初めて実現し、2人のツーショット写真が報道された。このことは両国にとって、画期的なことだった。それまで、相手国の指導者の写真がテレビや新聞で報じられることはなかったからだ。これがどれだけ政治的に重要か、日本人には理解しがたいだろう。1980年代、全斗煥政権の頃、金日成の写真は教科書でもニュースでも掲載が禁止されており、代わりに金日成の風刺画が新聞に掲載されていた。これが似ても似つかない、ことごとく赤鬼のように描かれていたのである。

そういう環境や教育で育った韓国人女性が、1988年のソウルオリンピックに伴う自由化で、海外観光旅行が緩和されると、日本に出稼ぎに来た。貧しいために韓国クラブで働く。韓国クラブの常連は朝鮮総連系の商工人たちである。なぜなら、総連系商工人はお金を持っていても韓国には行けない。北のシンパとみなされ、入国すれば逮捕拘禁を含め、何をされるかわからないからだ。彼らの多くは韓国から渡ってきた一世だから、望郷心があっても母国に行けない思いを発散するのが、韓国クラブだった。

こうした女性が日本のテレビを見ていて、一番驚いたことは、金日成の映像が流れることだった。自分が風刺画で知っている金日成のイメージと、日本のテレビに出てくる本物の金日成の映像があまりに違うことに衝撃を受けた。よせばいいのに、金を稼いで韓国に帰った後、女友達に「私は日本で本物の金日成の映像を見た」としゃべってしまう。「恰《かっ》幅《ぷく》が良くて男前だった。うちの大統領より全然マシね」、当時の大統領は禿げ頭の全斗煥だったのもタイミングが悪かった。これが密告されて逮捕、有罪になったという有名な話がある。それほど偏った社会だったのだ。

当時、北朝鮮に好意的だった日本のマスメディアは、しばしば北に渡って金日成へのインタビュー取材を行い、金日成が演説すればニュースで流していた。だが韓国では1988年まで、金日成と金正日の写真のメディア掲載が禁じられていた。北朝鮮は2000年まで、韓国の大統領の写真や映像の使用が禁止されていた。両国とも、そういう国なのである。だから先の韓国人女性は、日本に来て初めて金日成の本当の姿を見たわけだ。

北朝鮮が国内引き締めのために、韓国の文化や実情を知らせる情報が流入しないよう、神経を使っているのは日本人も知っているだろうが、韓国も似たようなレベルだったのである。だから私は、一貫して両国は一卵性双生児だと言ってきた。多くの在日はそのことをよくわかっているが、政治対立のために沈黙するしかなかった。韓国人も、その程度の信じがたいような教育を受けてきたわけであり、徹底した反日教育がいかに韓国人に影響を与えているか、北を日本に置き換えてみれば、一目瞭然だろう。

北をめぐる報道と認識のギャップ

もう一つ、報道のおかしさを知りながら在日が沈黙していた例が、北朝鮮を理想化する「地上の楽園」報道である。在日は早い段階から、その実情に薄々気づいていた。

1959年に帰国事業が始まった当時、「北朝鮮の経済建設のテンポはものすごい」「働けば働くほど生活が目に見えてよくなる」「家賃はタダみたいに安い。米もタダみたいだ」「住むこと、食うこと、着ることは大丈夫だ」、といった報道がなされ、北朝鮮政府は帰還者に生活用品がそろった住宅と、職場を与えるといわれていた。

在日韓国・朝鮮人が「地上の楽園」報道が嘘だとわかったのは、やはり身内が実際に行ったからである。当時、在日韓国・朝鮮人は合わせて61万人いたが、北系に限らず、韓国系の民団関係者であっても、身内や親族の誰かが、必ず北に行っている。

北が実際どんなところかわからないから、ちょっと先に行って様子を見てきてほしいと、家族や親族の一人を行かせたのだ。どの家庭でも、あとに続くつもりで準備していた。帰還して一、二年経つと、手紙が舞い込んでくる。開封され検閲されているが、それをくぐり抜ける知恵や工夫があり、事情を察することができた。

例えば娘から両親に手紙が来る。文面だけ見れば、北朝鮮がいかにすばらしいところか、それればかり書いてある。しかし最後に「おばあちゃんの言うことをよく聞いてください、おばあちゃんの言うことを聞くのが一番よ」とある。これはどういう意味かというと、自分の北朝鮮行きに一番反対したのが祖母だと知るのは家族だけ、という前提で書かれた文章なのである。父親や母親、親戚もこぞって、自分の帰還に賛成した。だからおばあちゃんの言うことを聞きなさいと何度も書くことで、とんでもないところだから来てはいけない、と伝えようとしていることがわかる。

こういう暗号のような手紙を受け取った家族が情報交換した結果、北はまだとても地上の楽園ではない、という認識がいち早く広まった。考えてみれば、朝鮮戦争が終わったのが1953年。北朝鮮はアメリカの空爆によって3回も廃墟にされた。それがわずか6年で地上の楽園になるはずがない。これはもう、総連と北朝鮮の宣伝にいっぱい食わされたということになったわけだ。

悲劇ではあるが、当時、実際に取材で現地を訪れていた日本のマスメディアが、北の厳しい現実を伝えなかったことは、いくら総連の抗議を恐れたとしても、目が曇っていたとしかいいようがない。それは全国紙に限らずテレビや週刊誌も量の違いこそあれ、同じような報道内容だったからだ。

肉親を帰国させた北系商工人が、日記形式で庶民の窮乏や圧政を暴露した『凍土の共和国』(金元祚《キムウォンヂョ》著、亜紀書房)が公刊されたのは1984年である。ようやく日本人にも北の実態が知れわたるまでに四半世紀がかかった。その間、北のシンパが平壌を訪問し、金日成を褒《ほ》めていたが、70年代当時、こうした報道をもっともコケにして、内心シラけていたのは在日朝鮮人であったともいえる。皆、自分の身内を北に送っているから、「よくぞ、ここまで礼讃記事を書けるな」と冷笑していた。

マスメディアの、金日成と会見すればニュース価値があるという下心は当然としても、李承晩が帰国事業を阻止しようと、猛烈に圧力をかけたことへの反発もあっただろう。当時の日本人は、どうしても、韓国は悪、北は善という善悪論から抜けられなかった。

もっとも在日の間でも、李承晩の評判は悪かった。私の祖母は同じ李家だったから、李承晩の悪口は御法度で、いつも李承晩博士と呼んでいた。アメリカでドクターを取ったからだが、韓国人で当時、博士の称号を持つのは、両班《ヤンバン》よりもさらに最高の位を意味した。しかし彼の正統性は、金日成に比べれば劣っていたのである。

日本人から見れば、金日成はソ連軍部隊の大尉であり、ハワイに亡命していた李承晩と大差ない、ソ連と米国の傀儡《かいらい》と映るかもしれないが、大韓民国を建国した李承晩大統領は金日成主席と違って、武器を持って日本軍と戦ったことはない。日本軍に追われ、命を取られかけるような危険な目にもあっていない。それが金日成との大きな違いであり、韓国にとって、大いなるコンプレックスになっている。

朝鮮学校や朝鮮総連系団体が金日成を絶対視していた根拠がそれであった。だから金日成は偽者だとか、4人いると言われても、相手にしていない。金日成は本名ではなく、出生名は金成柱《キムソンジュ》である。しかし金日成という名前が、伝説的に朝鮮半島に知れ渡っていたから名乗ったわけで、国家主席の金日成が元祖でなく、実は2代目だったとしても、大したことではない。抗日パルチザン闘争をやっていたことは、あらゆる文献で証明されているというのが、大方の総連関係者の受け止め方であろう。

だが北朝鮮も、結局は「大国主義を排除する」と言い出した。大国主義とは中国そのものを指す。金日成も中国共産党の部隊に所属し、最後はソ連軍の下士官として戻ってきた。そのことがやはり負い目だったのだ。大国主義を排除するという名目で、国内のソ連派や中国派をすべて粛清した。独立はあくまでも、抗日パルチザン闘争で勝ち取ったということにしたかったのである。朝鮮戦争で統一間近といわれた国連軍を38度線に再び押し返し、北朝鮮という国の命脈を保ったのは中国参戦のおかげだったことは、万国共通の認識だが、北朝鮮はあくまでも朝鮮人民軍がアメリカ帝国主義を打倒して勝ち取ったもので、休戦協定が締結された7月27日を朝鮮戦争勝利記念日と主張し、中国軍の功労すら認めない。中国に対する金日成と北のコンプレックスのあらわれである。

オールドカマーとしての矜持《きょうじ》

90年代後半以降、歴史認識問題を代表に、韓国と日本が、何かにつけて対立するようになった。後の章で詳しく触れる外交上のぶつかり合いを、私は専門的な立場で、できるだけ客観的、公平に見ようとしているが、在日には、この事態を苦々しく見ている層が増えている。テレビのニュース番組を見ていると、彼らの多くは日本人的な感覚で、韓国がいいがかりをつけてきたと受け取るようだ。たとえば李明博大統領の竹島上陸も、まったく困った大統領だというのがオールドカマーの基本的な感想だった。最近でも民団の団長が訪韓し、韓国政府に対して慰安婦問題に関する日韓合意を守るよう、大使館前の慰安婦像を撤去するよう求めたことからも明らかだ。もちろん80年代以降に来日した韓国人ニューカマーの意見は、正反対だろう。

差別をバネにしてきた一世、二世からすると、ニューカマーが日本に住んで、自由に稼ぐことができるのは、そもそも誰のおかげなのだ、という感覚がある。ジャパンドリームを求める彼らが、気軽に出稼ぎに来て、思う存分商売ができる環境、土壌を作ったのは、オールドカマーの一世、二世たちだ。これは一見、新旧世代間のすれちがいと思われるかもしれないが、ニューカマーとの価値観の違いの本質は、オールドカマーが日本人化しているという問題なのである。在日二世、三世は韓国人よりも、私にいわせれば7対3あるいは8対2くらいで日本人に近い。日本社会に対して複雑な感情を持ちながらも、韓国人との価値観のギャップは埋めがたいのである。

例えば2015年9月に開催された「アジア野球選手権」で韓国が日本に2対1で逆転した試合や、同年11月に行われた世界野球「プレミア12」準決勝で韓国が日本に4対3で逆転勝利した試合を家族でテレビ観戦していると、最初は韓国を応援するのだが、韓国が逆転すると、今度は判官びいきで日本を一所懸命に応援していることに気づく。逆に日本が勝った名勝負、2009年3月のWBC（ワールドベースボールクラシック）決勝戦では、9回までは負けていた韓国を応援していたが、あと一球で同点に追いつき延長にもつれこむと、今度は日本を応援した。イチロー選手が決勝打を打った瞬間、思わず「やった！さすがだ」と歓声を上げたが、試合終了と同時に、今度は韓国の監督や選手に同情している、と二転三転するアンビバレンツな気持ちがある。

すでに私たちは、日本のルールや慣習に慣れ、日本の平和と安定、繁栄のために、日本人と一緒に努力していこうと決めている。オールドカマーは、結局、東京を中心に世界を見ているが、ニューカマーは、あくまでソウルを中心に世界を見ている。ニューカマーは通名を持っていないから不便もあるが、われわれは通名をうまく使い分けている。かつて80年代後半から90年代にかけて、私が血気盛んだった頃は、ニューカマーを相手に、「われわれの顔に泥を塗るような真似をするな」と、よくやり合っていた。彼らには悪い癖があって、昔日本に植民地にされて、ずいぶん痛めつけられたから、いま少々悪さをして悪事を働いても、相殺《そうさい》されるという子供じみた無知がある。「お前らは帰国すれば済むが、われわれはずっとこの日本で暮らすんだ、その迷惑を考えろ」と何度言ったか知れない。オールドカマーが苦労を重ね、日本人から勝ち取った信頼を台無しにする端的な例は、窃盗やスリの集団が来日して犯行に及び、すぐに韓国に逃げる事件が相次いだことだろう。韓国人のイメージダウンにつながることから、多くの在日は苦々しく思っていたはずだ。

韓国人の認識不足には、度し難いものがある。私は何十回と韓国を訪れているが、三世、四世の在日韓国人が「パンチョッパリ（半分日本人）」との差別を受け、苦い経験をしている実態を見聞きしてきた。

2015年にメディアを賑わせた、ロッテグループ創業者一族の経営権争いで、韓国マスコミと世論は、創業者・重光武雄会長（本名辛格浩《シンキョクホ》）の長男である前副会長の宏之（辛《シン》東主《ドンジュ》）氏が日本語でインタビューに答えたことを「財閥企業の経営者が韓国語も話せないのか」と批判しただけでなく、経営陣の支持で株主総会を制した次男の韓国ロッテグループ会長・昭夫（辛東彬《シンドンビン》）氏の記者会見の模様を放映したテレビは、韓国語の発音の拙さを嘲笑する字幕をつけた。背景にあるのは、ロッテを日本企業と見て、たとえば韓国のロッテホテルの株式の大半を日本のロッテホールディングスが保有していることを、国富流出と考える国民感情である。彼ら韓国人は、1965年の日韓協定以後、のどから手が出るほど外資を欲しがっていた朴正熙政権に懇願され、赤字の国営ホテルをやむなく引き受けてロッテが韓国に進出した経緯も、当時の韓国経済が、在日の運ぶ現金を投資資金としてどれほど頼りにしていたかも知らない。

だから一世、二世は、逆差別ではないが、心の中では「上から目線」で韓国人を見ている。なぜなら、韓国が今のような経済力を持つことができたのは、在日韓国人が、ロッテの重光会長や、南麻布の韓国大使館の土地を無償提供した阪本紡績の阪本栄一社長（本名徐甲虎《ソカプホ》）のような財界人から一般庶民まで、ものすごい額の献金をし続けたからである。

それは日韓基本条約締結時の「経済協力金」の8億ドルをゆうに超え、朝鮮総連の北朝鮮への献金をはるかに上回る。たとえば下関と釜山を結ぶ関釜フェリーが就航したのは、在日が母国に仕送りするためであった。「ポッタリ」と呼ぶ、あらゆる物産やカネを風呂敷に包み、営々と韓国に持ち込み続けたことで、今日の韓国経済の基礎が築けたのだ。そういう事実をよく知る在日一世、二世は、誰のおかげで韓国はここまで大きくなれたのか、という気持ちを持っている。今の韓国人は何も知らないから若い三世、四世たちが韓国に行くと、差別的な目にあうわけである。

在日に類する、別の例を考えてみよう。韓国人は在米コリアンをどう見ているか。ひとことでいえば「逃亡者」である。朝鮮戦争の時や、韓国が苦しかった時代にアメリカに逃げた、そういう感覚だ。実際、アメリカに渡った韓国人の多くは、北朝鮮出身者が多い。敵である北出身とわかれば差別され、将来の展望が開けない。それで脱出したわけだが、いずれにせよ差別的に見ているのには変わりがない。

在日は、よりによって日本に暮らしている。しかも、母語も忘れて、徐々に日本化してしまった。「一体全体、お前は日本人なのか韓国人なのかわからない」と、半分日本人、半分韓国人という言葉で差別するようになったわけだ。その意味では、反日教育の賜物《たまもの》であり、韓国人の屈折したナショナリズムの矛先が向けられているのである。

日本は太平洋戦争で手ひどく敗れたが、朝鮮戦争のおかげもあって、経済のテイクオフが早かった。結果的に在日も、差別を受けつつ、生活は一足先に豊かになった。それに対して、韓国経済は朴正熙政権の後半、70年代まで長く低迷した。その僻《ひが》みもあるだろう。たとえば韓国の田舎に行くと、在日にせびる風潮がいまだにある。親族の特殊な紐帯《ちゅうたい》もあるが、一方では、在日をパンチョッパリと卑下しながら、他方ではカネを持つ出世した在日が来ると、砂糖に群がるアリのように親族が集まってくる。韓国人は在日に対して、こういう二面性を持っているのだ。

在日社会に軸足を置きながら言論活動をしている私ですら、8対2くらいで日本に近いと、自分で思ってしまうのも事実だ。もちろん日韓の双方の立場を理解した上で、冷静かつ公平な論評を心がけているが、近年の日韓関係の悪化にはいささか憤りを感じている。在日が日本社会と、国籍や民族の壁を乗り越えて共生する関係を築いてきたことに、冷水を浴びせるような韓国の態度、在日の顔に泥を塗るような政治が続いているからである。

在日の祖国離れが進んでいることは、帰化者の数が増えていることに表れている。1991年に69万人と戦後のピークを記録した在日韓国・朝鮮人の数は、1995年くらいから毎年減り続け、20年ほどで50万人を割り込んだ。95年から05年にかけては、毎年約1万人もの帰化者が記録されている。このまま行けば、２０５０年までには在日がほぼ存在しなくなるとの試算もある。

私は仕事柄、日韓両国に対する中立的・建設的批判のスタンスを堅持しようと努力してきた。それは変えるつもりはないが、正直なところ、もう韓国・北朝鮮へのこだわりはない、という気持ちが徐々に強くなってきている。その理由は、北にも南にも、いい加減にあきれ返ってしまったという、失望と落胆の気持ちが大きい。

私は最近、北朝鮮をテーマとした講演を頼まれると、金正恩について「暴君」という言葉を使うことがよくある。核実験と弾道ミサイル発射に象徴される北の暴挙は、無用の戦争を引き起こしかねない危険なもので、強く批判されるべきだ。

しかしもちろん、「暴君」という言葉はテレビでは使えない。私は国際的なルールを尊重して、いかなるテロにも反対だが、ふと金正恩に関してだけは、正直「誰かに暴走を止めてもらいたい」と秘かに願うような気持ちになることもある。国民を犠牲にした政治が続くもどかしさのあまり、最近、金正恩は自家用飛行機に乗っているから、故障か、何らかの工作による墜落の可能性はないのか、と考えることもある。南北対立が悪化し、分断が続くことへの焦燥感は、多くの在日が抱く本音のはずだ。

もちろん、時に北の脅威を政治利用し、また政権浮揚のため世論の矛先を日本叩きにすりかえてきた韓国政治と外交についても（詳しくは後段で述べる）、同じくらい失望と落胆を感じている。南も北もやはり同じ民族で、やっていることは五十歩百歩。だからこそ日本敗戦による解放から70年経っても統一できず、38度線を境に、子供じみたケンカを続けているわけだ。私は韓国と北朝鮮を「一卵性双生児」と呼ぶことにやぶさかではない。発想、性格、気質が同じなのだ。

冷戦後の東アジアは、韓国も北朝鮮も中国も、極端なナショナリズムに走ってしまった。自民族の歴史的、道徳的優越性を主張するために、日本を否定しすぎたことは、明らかに国策の誤りだった。日本もそれにひきずられた帰結が、外交関係の阻害と、反日や侮日《ぶにち》、嫌韓・嫌中というお互いの反発を煽《あお》り立てる現象である。

両極端には通じ合うところがある。私はソウルの日本大使館の前で行われる抗議活動やパフォーマンスで、日本人のみならず私自身も目を覆いたくなるような言動が公然と許されていることに、違和感を抱く。もちろん日本の新大久保で展開されているヘイトスピーチにも、まったく同じ感想を持つ。耳を塞《ふさ》ぎたくなるような罵詈雑言《ばりぞうごん》、暴言の数々は、似たり寄ったりではないか。北朝鮮と韓国の間の非難の応酬も同じだ。

同時代に言論の世界に身を置いた者として、慚愧《ざんき》にたえないのは、90年代から現在までの日韓関係はもっと改善できたはずだ、ということである。首脳会談の開催が困難になるほど、関係が悪化してしまった原因を冷静に振り返れば、歴史にあまりにもこだわり過ぎる韓国による日本否定に、行き過ぎがあったことは否めない。韓国が反日国家の度合いを深めていくほど、在日コリアンの日本定住と帰化は進行して、いつの日か祖国に帰り、国家建設に協力するという「仮の宿」論は名実ともに過去のものとなった。しかし、日本ではそうした現実が表立って報道されることはほとんどない。

同時代の日本の大マスコミは、韓国人批判や在日批判を一種の人権侵害とみなし、過去の被害者性、犠牲者性を自明として、あえて火中の栗を拾うような議論をしない空気が支配的だったように思う。現在進行形の外交関係について、韓国への批判ができないのは、在日が戦後の日本社会で差別を受けてきたことと、別の問題のはずだが、報道機関が自主規制をして一種の思考停止に陥り、両者を切り分けることができていない。

これでは歴史認識をめぐる韓日の政治対立に、建設的批判などできるわけがない。一方的な議論しか存在しないために、両国でヘイト的言論が横行するようになったわけだ。

私を含めて、誰もそんな状況を望んではいなかっただろう。物心ついた頃、私のまわりはなぜ朝鮮人ばかりなのか、素朴な疑問を持ったことは前述したが、十分な教育を受けられなかった一世に対する、住まいや就職での民族差別が、強固に存在していた。差別された直接の原因は、植民地統治に巻き込まれて国を失い、不利な立場に置かれたことにある。だから私たちは、そこから抜け出そうと懸命だった。大学進学や独立で「民族の壁」に直面し、苦労したことを、挑戦と行動力に変えてきたのも、いってみれば在日としての強みである。

日本で生まれ、日本の水で育った在日コリアンとして、日本人よりも韓国人を、韓国人よりも日本人を深く知っている私の立場から、近年の日韓関係のどこが間違っていたのか、問い直してみたい。私なりの立場で、日本の言論空間で韓国の間違いを、日本の誤解を正さなければならないと思うようになった。

もちろん問題は複雑に絡み合っているが、韓国側の主張を、日本はどう受け止め、どう対応していくべきか、両者のあいだに立ちながら、半島問題の専門家として考えていきたい。

本書は私がはじめて公刊する、「祖国・韓国への諫言《かんげん》」である。

第二章　「反日韓国」への違和感

安倍総理談話について

2015年8月の「戦後70年談話」について、日本では賛否両論の声が起きたが、ほどなく沈静化した。

韓国からとやかくいわれなくても、自ら進んで国家としての道理を果たすのは、トップの責務であると思う。「植民地支配から永遠に訣別《けつべつ》」「我が国は先の大戦での行いについて、繰り返し痛切な反省と心からのおわびの気持ちを表明してきた」と歴代内閣の談話を継承し、「植民地支配」「侵略」「痛切な反省」「おわび」という村山談話の四つのキーワードを入れた総理談話は大いに評価できる。タカ派とされ、従来は談話発表に批判的だった安倍首相も、やはり現実に押し切られたということか。

また「あの戦争には何ら関わりのない、私たちの子や孫、そしてその先の世代の子供たちに、謝罪を続ける宿命を背負わせてはなりません」と明記したことも重要だ。日本国内には「いつまで謝ればよいのか」との「反対論」も根強いが、それが世論の総意となるなら、「もう謝らない。これで終わりにする」と韓国に通告すればいい。簡単な話だ。これは基本的には日本の国内問題である。

もちろん韓国がどう受け取るかは別問題だが、それは韓国の国内問題だ。

かつて李明博大統領も「(過去の歴史認識問題について)遠くない歴史において心が傷ついたことがあったが過去に傷ついたことでもって未来は生きられない。過去は忘れることはできないが、過去にこだわっては今日を生きられないし、まして未来を生きることはできない。過去の政府と異なり、日本に対して他の要求はないが、経済協力を実質的に一層強化するつもりだ。日本経済人と会って、韓国企業との合作や進出について論じるつもりだ」と語り、日本の政治家が歴史認識問題で挑発的な発言をしても「政治家の発言に敏感に反応しない。政治家にはそれぞれの意見がある。歴史認識は日本の問題である。問題発言があったとしても謝罪を要求しない」と、日本に対して常に寛大であった。

他方、日本人の謝罪反対論は「井の中の蛙《かわず》」で、これまで決着をつけようとする度胸もなかった。「韓国への謝罪は終わった。二度と謝罪しない」という方針が日本の国益に合致し、国際社会にも受け入れられ、日韓関係にもプラスになると考えるなら、そうすればよいだけである。

その意味でも、安倍談話のメッセージが発せられたことで、ステージは次の段階に移った。これで歴史が前進するのか、逆行するのか、やがて明らかになる。

逆に、ボールを投げられた韓国は、かなり追い詰められた。韓国人は「我々が納得するまで謝れ」と思っているかもしれないが、謝りたくない国にこれ以上、無理強いすべきではない。子供でもあるまいし、無理やりに頭を下げさせるのはよくない。

かつて李明博大統領も「私は日本に対してしょっちゅう謝れとは言わない。（日本が）心からの謝罪こそが真の謝罪で、嫌々ながらの謝罪は謝罪ではない」と言っていたではないか。

過去20年間の日韓の歴史を振り返れば一目瞭然だが、この問題では堂々巡りが続いてきた。韓国の歴代大統領が日本の対応を問題にすればするほど、日本国内では「いつまで謝れば済むのか」と反発が高まるばかり。もし、韓国がさらに蒸し返せば、日本の態度は硬化するだろう。

従軍慰安婦などの個人補償が未決のままだと韓国では問題にしているが、後で詳しく解説するように、２０１５年12月に日本政府と「最終的かつ不可逆的に」問題解決することで合意した以上、時間と労力の無駄だ。韓国政府もこれ以上こだわるべきではない。被害者は金銭目的でなく、道義的責任を追及しようと訴訟を起こしているが、1965年の日韓条約で中途半端に妥協した韓国政府に、そもそも問題があったのだ。慰安婦の支援団体が責任を追及すべきなのは、個人補償をなおざりにし、適当に手を打ってしまった自国の政府である。

これは私が初めて公言することだが、慰安婦問題が1992年ごろから、日本で報じられた後になって、韓国で運動が始まったこと自体、恥ずべきことである。私が韓国の政界や言論、一般社会に向けて強調したいのは、92年の金泳三文民政権になるまで、事実関係を明らかにせず、問題を公にしなかった責任の所在だ。もちろん個人補償もせず、日本から受け取った経済協力金5億ドルの1％すら渡さずに、何もしなかったツケが表面化しているのだ。

従軍慰安婦問題は、朴槿恵前大統領の父親である朴正煕大統領時代の国交正常化時に、日本から得た経済協力金を慰安婦ら被害者にあてがわず、放置したことによる「負の遺産」でもある。ならば、朴槿恵前大統領は、まずは慰安婦らをないがしろにしてきた父親の過ちから正すべきであった。

そもそも、韓国は河野談話が出された段階で、日本に補償を求めないと公言していたはずだ。当時の金泳三大統領は「慰安婦問題」について「日本が真相を明らかにするのが重要だ」としながら、「物質的補償は日本に求めない。慰安婦への補償は来年から韓国政府予算で行うよう」指示していた。ところが、朴槿恵政権は日本に10億円を求めたから驚きだ。韓国は政権が変わるたびに発言がコロコロ変わるのだ。

そもそも一般の韓国人市民が、個人の補償問題で「今も納得がいかない」と、どこまで真剣に思っているのか疑問である。近年の「反日デモ」の動員数は少ない。反米デモではソウルの広場に数十万人も集まるのに、従軍慰安婦問題では日本の大使館前には数百人も集まらない。国民のほとんどが素知らぬ顔だ。これでは話にならない。

政治的にも経済的にも日本に依存してきた韓国という国は、1997年の「IMF危機」と称される経済危機を、日本の緊急金融支援によって切り抜けたことからもわかるように、日本抜きではやっていけないはずなのに、今更、過去の問題で喧嘩別れしたいのか、それとも依存ゆえ、甘えの逆ギレなのか。

北よりも日本との付き合いが長いせいか、韓国人の顔は正直、同じ民族の北朝鮮より、日本人に似てきたような気がしてならない。韓国が統一すべき相手は北朝鮮ではなく、日本ではないかと錯覚するほど、顔かたちも、ファッションも、生活スタイルも、あらゆる面で日本に似てきた。真似しているからそうなるのは当然かもしれない。以前は外見だけで韓国人と日本人を十中八九識別することができたが、今では見極めるのも容易ではない。

本来なら、韓国政府が個人補償で道筋をつけるべきものを、国内で解決できない無能をさらけ出し、日本との間で「外交問題化」させてしまった。それでも日本政府は村山談話を出し、慰安婦問題を道義的、倫理的に解決しようとアジア女性基金を作った。それなのに、なお不十分だとさらに押し返す。あのような高齢で、国連や外国でアピールし続けねばならない元慰安婦は気の毒だし、人権上も問題がある。少なくとも韓国政府は韓国にとっても「負の問題」を国際化するようなことをすべきではなかった。

加害者、被害者の関係があっても、法律的には、あるいは社会のルールとしても、示談という解決法がある。ところが日韓の間では、示談が成立しない。日本批判はエスカレートし、世界中に慰安婦像や記念碑を建立しようとしているが、国際社会では「トラブルメーカー」「問題児」として韓国の評判を落とすのではないか。また、韓国人の日本人に対する一種のレイシズム、民族差別の表現と受け取られるようになるのを恐れる。

特に、この問題と無関係なアメリカで記念碑を建ててアピールすることが、果たして韓国人にどんなプラスになるのか、理解できない。１９３６年のベルリンオリンピックで金メダルを取った孫基禎《ソンギジョン》の銅像を故郷に造るならわかる。当時は日本名で、日の丸を掲げて勝ち取った初の金メダルが、実は同胞のものだったと称える趣旨なら、大いに誇るべきだが、慰安婦問題は韓国の無策無力を内外に知らしめた、恥とすべき象徴である。公園など他の場所に建てるならいざ知らず、わざわざソウルの日本大使館の前に像を建てるのは、日本人とすれば嫌がらせにしか見えないのは当然だ。その前に、なぜ話し合って折り合いをつけられなかったのか、お互いの信頼関係のなさが残念である。

日本の対外イメージを著しく損なうだけでなく、韓国人もナショナリズムの行き過ぎがレイシズムの民族攻撃や差別に堕していることに気がついていない。結局どちらの国にとっても「後の祭り」で、悪い結果しか残さないのだ。日韓関係の悪化で困るのは在日である。我々の苦悩と慟哭《どうこく》の思いを、どうか想像していただきたい。

韓国政治と司法の一体化

産経新聞の加藤達也前ソウル支局長が名誉毀損《きそん》で訴えられ、検察が懲役1年6カ月の求刑を求めた裁判は、２０１５年12月に無罪判決が言い渡され、検察は控訴を断念、無罪が確定した。

韓国で、現職大統領が事実上当事者となる裁判での敗訴は異例のことだ。三権分立は建前で、韓国の場合、大統領権限が司法に影響を及ぼすからだ。２０１４年の客船「セウォル号」沈没事故が典型的な例だった。救出作業を行わず、真っ先に逃げ出した船長らの行為を朴槿恵前大統領が「殺人行為に等しい」と激怒したことから、検察は船長らを殺人容疑で起訴し、裁判所も一審では殺人罪を適用し、死刑を宣告した（その後無期懲役が確定）。日本など国際社会で論じられていた、業務上過失致死の議論は押し流されてしまった。

２０１５年10月、インターネットの討論掲示板に朴前大統領の私生活を誹謗《ひぼう》する内容の投稿をした主婦の裁判があり、懲役４カ月執行猶予１年の有罪判決が宣告された。被告人の主婦は「インタビュー記事などを見て事実だと信じた内容を載せただけだ」と無罪を主張したものの「大統領の私生活に対する虚偽の文は、特別な事情がないかぎり大統領の業務と無関係なことであり、社会の世論形成や公開討論に寄与することもない。表現の自由の限界を超えた誹謗目的だった」と裁判所はまったく相手にしなかったのである。

今回の「産経裁判」も、論告求刑公判で検察側は懲役１年６カ月を求刑したから、お国柄、せいぜい執行猶予付きの有罪が妥当なところで、無罪は難しいと予想していただけに、ソウル中央地裁の判決には正直驚いた。国際社会の圧力があったとはいえ、また、外交的配慮が斟酌《しんしゃく》されたとはいえ、少なくとも司法の独立が維持されたことは評価に値する。

ソウル中央地裁判決は、大統領個人の名誉が毀損されたことは認めるとしても「言論の自由の観点から処罰の対象とはならない」と一刀両断だった。また、記事を書いた目的や動機は韓国の政治・経済事案を日本国民に伝える意図から作成したもので「大統領を誹謗する目的で書いたものではない」との加藤前支局長の訴えを全面的に認めた。「虚偽の事実だと十分に認識していながら被害者らを誹謗する目的で本件記事を報じた」との検察側の主張は通らなかった。

また「公職者に対する批判機能は保障されなくてはならないし、公職者の地位が高く、その権限が大きいほど言論の自由を保障する程度も広げなければならない」として「言論の自由の拡大は、大統領としての朴槿恵に対する名誉毀損にはならない」と、事実上検察の起訴そのものが不当だったとの見解を示した。

さらに判決は「公職者の私生活と関連した事案であっても、公的関心事案に該当することもあり、私生活も公職者の社会活動に対する評価の資料となるので問題提起や批判は許容される」と被告人が主張する「記事の公益性」を認め、「良心に立ち、法治国家の名にふさわしい判断を願ってやまない」との被告人の訴えに応えた。

勝訴した加藤前支局長は判決結果について「公人の中の公人である大統領に関する記事が気に入らないとして起訴する構図は、近代的な民主主義国家のあり方としてどうなのか。いま一度考えていただきたい」とコメント。朴政権側にはきつい一言となった。

朴槿恵はこれまで「自分に対する冒涜《ぼうとく》は国民への侮辱である」と強弁し、批判を一切許さない強気の姿勢を示してきた。検察もまた、大統領が「インターネット上での大統領に対する冒涜が度を越した」と発言すると、直ちに虚偽事実流布取り締まりチームを新設するなど、政権べったりだった。

そもそも、今回の裁判の原告は、朴前大統領の支持団体である複数の右翼団体であるが、大統領自身が2014年8月7日に「産経新聞に対して、民事・刑事上の責任を必ず問う」と公言したことを勘案すると、代理人に過ぎないことがわかる。極論すれば、朴政権が「産経」を訴え、検察とともに威信をかけた裁判で敗訴したのだ。朴槿恵には恥辱といって過言ではない。

しかし、起訴に異議を挟むメディアは革新系のハンギョレ新聞など一部に限られ、大勢にはならなかった。むしろ起訴は「当然」「止むを得ない」との見方が支配的だった。たとえば韓国与党・セヌリ党（現・自由韓国党）の院内報道官は「虚偽報道行為が韓国で行われたのだから『治外法権』の対象になることはできない。我が国で法を犯したのなら、国内法が適用されることはあまりにも当然だ」との見解を出したことについて、韓国の大手紙、中央日報は社説で「（検察は）外信の報道も治外法権の領域にはないことを明確にした」と書き、「止むを得ない」との論調を掲げた。

加藤支局長が記事で引用した、セウォル号沈没事件の日に朴前大統領が長時間連絡不能だったというゴシップについて、日本では、同じ内容の記事を載せた韓国の大手紙、朝鮮日報を問題にせず、産経だけをやり玉に挙げたのは公平ではない、日本人が書いたものだけを問題にするのは、物差しを変えてもいいということになり、不平等だと指摘されているが、これが韓国にはなかなか通じない。

韓国人には、外国人が大統領を批判するのを許さない風潮が、従来からある。また、外国で自国政権批判をする韓国人にも、総じて批判的だ。例えば父親・朴正熙大統領の時代に、金大中をはじめ多くの要人や政府高官らが亡命先の米国で朴政権批判を繰り返したが、一般国民から多くの共感を得ることはなかった。

このように、加藤支局長の起訴は言論の自由とは関係がないとの見方が一般的だったが、裁判開始直後に韓国紙・世界日報が朴前大統領の元側近による国政介入疑惑を報じたことに彼女が憤慨し、同紙の社長や記者ら6人を名誉毀損で告訴したことで、韓国でもにわかに言論の自由の危機が叫ばれ始め、「産経問題」も「世界日報問題」も「同根」で、朴槿恵政権の強権政治の「産物」との見方が急速に広がったことに、裁判所が配慮したのだろう。

おもしろいのは、韓国は言論の自由を北朝鮮に向かって主張していることだ。北朝鮮は繰り返し、脱北者団体が38度線付近で行っている、最高指導者の金正恩委員長を誹謗中傷するビラまき（風船に付けて北に向かって飛ばすこと）をやめるよう要請している。そうすれば南北対話を再開すると持ちかけても、韓国政府は「民間団体がやることだから」と言って、一向に抑えない。その結果、南北関係が悪化して、北朝鮮が武力攻撃をかけると脅す事態にまでなっている。

皮肉なことに、国民の生命と安全を危うくしてまで、朴前大統領は、いかなる場合でも言論の自由は保証されなければいけないと主張していた。その心は「北朝鮮と日本に対する誹謗中傷は許されるが、私に対する誹謗中傷は許さない」ということだ。対象によって物差しを変える論理は世界に通用しない。私にいわせれば、言論の自由の尺度を大統領が決めるという恣意《しい》的なやり方は論外である。

もともと、韓国大統領の権限は、日本の首相とは比較にならないほど強い。法案の拒否権、軍の統帥権、大法院長（最高裁判所長官）や検察総長などの任命権のほかに政府、軍、官公庁などの人事（約7千人）まで握っている。また、憲法改正の提案権から宣戦布告、戒厳令の布告もできるし、在任中に罪を犯しても免責される。大統領が任期中にやったことを司法が問うことはできず、退任を待つほかない。あらゆる人事を大統領府が決める「大統領中心制」のもとで、彼女の発言は重い。北朝鮮が「最高指導者の言葉は法律よりも重い」というのとよく似ているのだ。

加藤支局長が起訴されてしまったのは、現職大統領が相手だと、言論の自由が通用しないということ、また日本については、どんな批判や誹謗中傷を書いても許されるという、韓国ならではの事情があった。これは北朝鮮に対しても同じで、金正恩への称賛は国家保安法違反だが、誹謗中傷や罵倒はなんでも許されるのだ。マスメディアに安倍首相への批判があふれている日本とは、状況がまったく違うのである。

もしも大統領自身が日韓関係に配慮して、善処を求めた日本の要望を裁判長宛に韓国外務省を通じて出すことに同意していたならば、最初からこの裁判を起こす必要もなかった。行政が司法の判断に影響を与えたとなれば、なおさら韓国のイメージを損なうだけだ。

司法が韓国の対外イメージを損なった最近の例といえば、2016年1月13日にソウル東部地裁が、世宗《セジョン》大学の朴裕河《パクユハ》教授に、元慰安婦の名誉を傷つけたとして損害賠償の支払いを命じた一件があった。

朴教授の研究書である『帝国の慰安婦』（2013年韓国刊）は、日韓の悪徳業者が女性たちを騙して慰安所に連れてきたこと、奉仕を強いられるうちに次第に「同志的関係」となり、日本兵と恋に落ちる者もいたことなどの記述が問題となり、韓国で発行禁止になった。すなわち2015年2月にソウル東部地裁は「『慰安婦』たちを『誘拐』し、『強制連行』したのは、少なくとも朝鮮の地では、また公的には日本軍ではなかった」など34か所の削除を求める仮処分を決定、削除しなければ韓国で出版を認めないとした。さらに同年11月、ソウル東部地検は『帝国の慰安婦』は学問の自由を逸脱して元慰安婦の人格、名誉を著しく毀損、「同志的関係」の記述は虚偽と判断し、朴教授を名誉毀損罪で在宅起訴した。それに加えて今回の損害賠償判決では、「同志的関係」の表現などが元慰安婦の社会的評価を低め、人格権を侵害したと韓国司法が認定したわけである。

朴教授は、元慰安婦は戦後「自分を売った実の親や斡旋業者《あっせんぎょうしゃ》」への記憶をなくし、植民地の犠牲としての「国家的象徴」になるよう求められたと指摘している。「性奴隷」という国民的な犠牲の物語にそぐわない史実を明らかにすると、学問の自由は制限され、言論弾圧が正当化されるわけだ。

当時の慰安婦は、韓国内では日本の官憲が代理機関を介して調達していた。そこで実務にあたったのは韓国人であるならば彼らも共犯ということになる。もし韓国のいう、慰安婦として動員された女性が20万人という恐るべき数字を信じるなら、半島には相当数の共犯者がいたことになりかねない。ただでさえ親日派を徹底的に洗い直す機運があるから、ちゃんと実態調査をすれば、自分の祖父や一族の関与が明らかになるケースが続発するだろう。身内の恥を韓国人自身の手で調べる事態を回避するために、共犯の事実をかたくなに否定するわけだ。

こうした「不都合な真実」を隠し続けるのは、かなり無理がある。終戦直後の韓半島で、引き揚げ日本人がどんな過酷な目に遭ったかを描写したヨーコ・カワシマ・ワトキンス著『竹林はるか遠く』（2005年韓国語版刊）や、歴史問題で日本を擁護した金完燮《キムワンソプ》の『親日派のための弁明』（2002年刊）も、『帝国の慰安婦』と同様、発禁になってしまった。

歴史の事実の研究・究明や、言論の自由を犠牲にして、日本を利する本を流通させない異常性を理解するには、北朝鮮に関する本もまったく同じ扱いを受けることを、言論や表現、出版の自由の観点から、考えあわせる必要がある。

韓国の国家保安法は、敵を利するような言論を禁じている。むろん主敵は北朝鮮であるが、日本も仮想敵国だから、それを利する言論は認められないという観念が、政府や国民感情の根本にあるのかもしれない。本来なら韓国マスコミが、言論の自由の保障の観点で、これを問題にすべきであるが、残念ながら韓国マスコミは時に御用化し、政府に迎合し、日本と北朝鮮については、誹謗、中傷が許されており、逆に褒めたたえれば問題になり罰せられるという固定概念に縛られている。他の民主主義国並みの言論の自由を要求するように、韓国マスコミは変わらなくてはいけないが、旧態依然のままだ。

日本と最も違うのは、報道に多様性がないことである。ジャーナリストといえば、三大紙の東亜日報、朝鮮日報、中央日報の記者のみを指し、それ以外の、たとえば週刊誌の政治報道が弱い。しかも韓国大手マスコミの記者は、政治家の道を志すので、腰掛け気分の人が目立ち、たとえば田原総一朗氏のようなフリーとして影響力のあるジャーナリストが育たない。私の知人も、東京特派員を経て、しばらくするとみな政治家になってしまった。

彼らの東京での仕事ぶりを観察していると、ジャーナリズムからほど遠い実態がある。

たとえば「極右」とされ韓国の報道で頻繁に取り上げられる石原慎太郎氏などの記者会見が有楽町の外国特派員協会で開かれても、韓国大手新聞社の記者は誰一人、面と向かって質問しない。ところが翌日の韓国の新聞を見ると、不思議にも、どの紙面も同じような内容の記事になっている。ニュースソースが同一人物なのだ。大使館の広報官なのか、あるいは誰が出席していたのか知らないが、一人の話を基に書かれているから同じ内容となっている。

私は常々、彼らに「取材も質問もせずに批判するのは滑稽だ」と直言してきた。韓国世論をリードすべき立場なのに、オープンな会見場でも、韓国人記者はコンピュータに向かって一生懸命ノートを取るだけで、質問しようとしない。韓国人で質問するのは私のようなはぐれ者だけ。これでは、なんのために特派員を派遣しているのかわからない。こうした韓国マスコミの体質は、20年以上ほとんど変わっておらず、日韓関係の悪化の責任の一端は、ありのままを伝えようとしない彼らの怠慢にあるともいえるだろう。

法治国家からほど遠い韓国司法

日本人の対韓感情を悪化させた司法判断といえば、2012年10月に長崎県対馬で、重要文化財の仏像2体などが盗まれ、翌年に韓国で窃盗団が検挙され、仏像が押収された事件の後始末であろう。

韓国の裁判所は、国の重要文化財「銅造如来立像」1体は2015年7月に返還したが、もう1体（県指定有形文化財の「観世音菩薩坐像」）の日本への返還を拒否した。日本政府は返還を求めたが、韓国側は「国内で所有権を主張する寺や団体」の存在を考慮したという。具体的には、浮石寺《プソクサ》という韓国寺院が「倭寇」に略奪された可能性があるとして所有権を主張したため、大田地裁が移転禁止の仮処分を決定。2017年1月に大田地裁は所有権を主張する韓国の浮石寺に像を引き渡すよう命じる判決を出してしまった。

韓国外務省は「裁判所が国内の法律に従って決める問題で、政府は介入できない」と説明しているが、仏像は韓国人窃盗団が明らかに観音寺から盗み、韓国に持ち込んだものだ。

窃盗団は3か月後の2013年1月に韓国で検挙され、仏像は押収されたが、韓国政府はこの時点で速やかに日本に返還すべきだった。窃盗団も日本で裁かれるよう引き渡すべきだった。そうすれば、今回のような事態は防げたはずだ。日韓間の外交問題に発展することもなかった。

韓国政府はことあるごとに三権分離や三権分立を強調してきた。行政からの司法の独立を根拠に、たとえば慰安婦問題で日本に強くあたってきた。そもそも李明博政権で、韓国政府が慰安婦問題をなぜ蒸し返したのかといえば、2011年8月に韓国憲法裁判所が、元慰安婦らへの個人補償が日韓協定の例外にあたるかについて、韓国政府が日本政府と交渉しないことを違憲と判断したことに基づいている。憲法裁の判断を受けて政府が動いた、という主張が、韓国側の、慰安婦や徴用工の問題に関する正当性の根拠となっている。

私がいいたいのは、慰安婦問題で司法の独立を主張するなら、対馬の仏像返還問題でも行政と司法の区分を守るべきだ、ということである。盗難品と認めて有罪の実刑判決を出したからには、法と判決に基づいて返還すべきなのに、政府の意を体して裁判所が仮処分を出すのでは、三権分立を否定することになる。これは産経新聞の加藤支局長の起訴とまったく同根の問題であり、法治国家として機能していないということだ。

韓国司法がある種のポピュリズムで動いていることは、たとえば機内サービスのナッツの出し方が気に食わないとクレームをつけ、チーフパーサーを降ろすために自社の飛行機をUターンさせた大韓航空の趙顕娥《チョヒョナ》前副社長に対し、ソウル西部地裁が2015年2月に「本当に反省しているか疑問」として懲役一年の実刑判決を出した事件（のちの二審判決で執行猶予が認められた）にも表れている。

とりわけ日本人にとって衝撃だったのは、2012年、靖国神社に放火し、ソウルの日本大使館に火炎瓶を投げて韓国で拘束された中国人の劉強容疑者の身柄を中国に引き渡した一件だろう。日本は犯罪人引き渡し条約に基づき引き渡しを求めたが、ソウル高裁は2013年1月、劉容疑者は同条約が送還の対象外と定める政治犯だと認定、韓国政府はこの判決を理由に日本への引き渡しを拒否したのである。

これにより日本政府も国民も、韓国が日中のどちらをより重視しているか、思い知らされた。日韓は国交を結んで半世紀。それに比べて中国と韓国との修好は半分にも満たない。資本主義の韓国と日本は三権分立の民主主義体制にあるはずで、まして日本と韓国との間には犯罪人の引き渡し協定があるが、韓国と中国との間にはない。常識からして、日本に引き渡すのが筋である。中国人「放火魔」は、初犯ならまだ情状酌量《じょうじょうしゃくりょう》の余地もあるが、二度目となれば日本も黙っているわけにはいかない。犯罪人引き渡し条約に則って引き渡しを求めるのは当然のことである。しかし、韓国司法も政府も政治的な判断を優先させ、中国に帰国させた。困ったことだ。

日本政府は従来、民主主義という共通の価値観から韓国を重要なパートナーとみなしていたが、韓国は実利、国益の観点から日本より中国を「より重要なパートナー」と捉えている。日本とは「未来志向のパートナー」のレベルで留まっているが、韓国は中国に対して「戦略的パートナーシップ」の構築を求めている。

韓国の対中貿易は、今では対日貿易の約3倍に上る。日韓貿易は韓国が中国と国交を結んだ年の1992年からたったの2・5倍増だが、中韓は35倍の伸びだ。加えて、中韓貿易は韓国の黒字（400～500億ドル）だが、日韓は韓国の慢性的な赤字（300億ドル）が続いている。中韓の人の往来も、日韓584万人（2015年）に対して中韓は2013年の時点で800万を超えていた。貿易同様に年々、その差は開く一方。日本にとっては耳の痛い話だが、2012年8月の米世論調査会社・ギャラップの調査では、韓国人の嫌いな国のトップがダントツで日本（44・1%）である。中国（19・1%）よりはるかに高い。日本との間に領土問題や従軍慰安婦問題、歴史認識の問題が横たわっていることが差になって表れている。この他にも、韓国には中国と、核やミサイルなど北朝鮮問題、あるいは脱北者の問題で協力を仰がなければならないという事情もある。

日本はこれまで、実に「律儀」な外交を展開してきた。信義に厚い外交ともいえる。日本に漂着した北朝鮮の脱北者の引き渡しをめぐる南北の綱引きでは、日本政府は国際法的な見地から、また人道的な見地から一貫して韓国に送還してきた。

さらに、1987年に起きた大韓航空機爆破事件の際には、実行犯としてバーレーンで身柄を拘束された金賢姫《キムヒョンヒ》が「蜂谷真由美」名義の偽造パスポートを所持し、日本人を装っていたことから日本政府が引き渡しを求め、韓国と綱引きを演じた際にも、韓国側の立場に配慮し、韓国への引き渡しを優先させた。日本にとってはテロリスト輸出の汚名、ぬれぎぬを着せられかねなかった場面で、お人好しにも韓国に譲ってあげたわけである。

近年の韓国哨戒艦「天安」沈没事件や延坪《ヨンピョン》島砲撃事件などを例に取るまでもなく、日韓国交以来、南北が対立すれば日本政府は必ず韓国の味方をしてきた。一貫して、一度も北朝鮮の肩を持ったことはない。にもかかわらず、韓国は日中、日露、日朝の対立で、一度も日本に与《くみ》したことはない。北方領土問題をめぐる日露の紛争では傍観するどころか、択捉島には韓国の企業が進出し、ロシアの実効支配の既成事実化に貢献している始末だ。

これぞ冷徹な外交の現実であり、日本は義理を通すよりも、徹底した相互主義の外交をやるべきだと思うが、ここにも国民性の違いが表れているようだ。

東京からソウルを眺めれば、日本は古い友人で、中国は新しい友人のはずだ。まして韓国は金賢姫の一件で日本に借りがあるのに、中国人放火魔を、日本に引き渡さないのでは、法治国家としての体をなしていないし、われわれ在日が民族を越えた関係を日本社会で築いてきていることに、水をさすふるまいのように感じられる。

いつまでも埋まらない日韓のズレ

古い話になるが、1968年に金嬉老《きんきろう》が、暴力団との借金トラブルで殺人事件を起こした後、銃とダイナマイトを持って静岡の寸又峡《すまたきょう》温泉の旅館に籠城《ろうじょう》した事件があった。彼は自分の犯行を日本社会の差別や民族問題に転嫁したため、日本の新聞や知識人の間に擁護の機運が起こると、韓国社会にも伝染した。1999年に保釈され、韓国に永住帰国した彼を、韓国は英雄のように迎えたのだ。韓国国旗を持って釜山空港に降り立った金嬉老は報道関係者にもみくちゃにされ、その晩はホテルのスイートルームに宿泊。まるで野党時代の金大中が亡命先の米国から帰国した時を彷彿《ほうふつ》させるような光景に、私は、韓国は本当に法治国家なのかという疑問を強く持った。

金嬉老は冤罪《えんざい》ではなく、「差別と闘った闘士」でもない。差別に負けた落伍者で単なる殺人犯である。彼は帰国声明でも在日社会に迷惑をかけたことについて、一言も謝罪しなかったので、私には、在日の恥を上塗りされた思いがした。彼の事件当時、われわれがどれほど肩身の狭い思いをしたことか。それなのに英雄視とは、いったい何を考えているのかと、憤りすら覚えた私はすぐに、韓国のマスコミや市民団体は金嬉老を祀《まつ》り上げるべきではないと書いたが、案の定、金嬉老は翌年に殺人未遂と放火・監禁事件を引き起こして服役、懸念した通りになってしまった。

こうした韓国側の勘違い、はき違えがなぜ起きるのかを考えると、情緒的な政治判断で法や制度の運用がゆがんでしまう欠点が指摘できる。これは、程度の違いこそあれ、日韓両国にあてはまるのも興味深い。

私が一貫して主張し続けてきたことは、たとえば金正日に洗脳されて、爆破工作に従事した金賢姫は気の毒ではあるが、しかし法的にはやはりテロリストで殺人犯であろう。それを無罪放免して悲劇のヒロインのように扱う韓国も、あるいは民主党政権の時に来日した彼女を、北の拉致問題の重要な証言者だとして、VIP待遇で迎えた日本も、どこかおかしいのである。政治的な「さじ加減」で、犯罪者を犯罪者と扱わない両国に疑問を感じる。

まず、韓国社会にもっと成熟してほしい。日本の外務省が、韓国とは民主主義と自由の価値観を共有しているとホームページで書いていたのを、今では削除してしまった件も、わからなくもない。私ですら、そう思うからだ。もちろん、日本もそれほど国際的な評価は高くない。それでも民主主義と自由の成熟度で、日本を高校生のレベルにたとえれば、韓国は小学生ぐらいの差があるように思う。だから日本側も、レベルが違うと考えればもう少し冷静になれるのに、同じ土俵に上がって叩き返すのでは、情緒に流されることになる。

2012年に私は『世界が一目置く日本人、残念な日本人』という本を書いた。東日本大震災の後の、日本人の忍耐力と団結心の強さをたたえる内容だと紹介すると、インターネットで韓国人からメチャクチャに叩かれた。「お前はまだ生きていたのか、放射能を浴びて死んだと思っていたのに」とか、「お前のようなやつがいるから、日本は竹島を領土だという」といったものだ。

表立って日本を褒めることができないというのも、おかしなことである。

北朝鮮の金正恩が1990年から91年にかけて、在日朝鮮人の母親・高英姫《コヨンヒ》や兄弟とともに、偽造パスポートで来日したことがあった。東京―大阪間を新幹線に乗り、東京ディズニーランドにも来たという。当時7、8歳だった彼らの日本の印象として、一番驚いたのはタクシーや新幹線の座席のヘッドレストにかけられた白いカバーの清潔さだった。金正恩が「日本人はきれい好きで礼儀正しく、優しかった」という印象を持って帰国したのである。国交のない北朝鮮から来てさえそう感じるのに、国交のある韓国から、毎年200万人から300万人近い観光客が日本を訪れて、この国の美点に気づかないはずはない。しかしそれを公的に発言し、文章にすれば「親日」と叩かれるから、表立ってあえて口に出そうとはしない。

ただ、インターネットが普及して、たとえば韓国で有名な「イルベ」という掲示板サイトや個人のSNSでは、日本を称賛する声が多く出てきた。韓国人がよく指摘する日本の国民性は、几帳面ということ。日本人は自宅の前の道路だけでなく、隣の家の前まで掃くが、韓国人は自分のところだけきれいになればいいいと、ホコリを隣に掃き出すといった違いの指摘である。

私も韓国のネット掲示板を読んで、若い人に日本をポジティブに捉えることが増えたと感じるが、日本の街がきれいだといった感想は、以前から多くの韓国人が認めるところなのだ。しかし韓国世論は全体として日本の「善」を肯定するほどまだ成熟していないようだ。

総じて言えるのは、近年、韓国世論とメディアの方が、北朝鮮よりもはるかに日本叩きに熱心になっていること。何から何まで日本の責任にしているため、そのあまりの異常さに、韓国人自身が気づいていないというか、半分麻痺《まひ》しているようでもある。

逆に、日本側の態度を見ていると、韓国からの批判に正面から反論せず、「ほとぼりが冷めるまで待とう」というのが大方だ。もしかすると、日本は韓国がなくてもかまわないが、韓国はそうではないという余裕の違いなのだろうが、この温度差は、日本が「鳴くまで待とう、ホトトギス」の徳川家康の心境なら、韓国人は「鳴かないなら、鳴かせてみよう」の豊臣秀吉の気構えといったらわかりやすいだろうか。

2010年、日本のNHKと韓国のKBSテレビが日韓併合100年の世論調査を両国で行った。おもしろかったのは、日本人に対して、韓国人で真っ先に思い浮かぶ名前を言ってもらったところ、圧倒的多数が「ペ・ヨンジュン」と答えた。いかに日本人が未来志向かということがわかる。ところが同じ調査で、韓国人が真っ先に思い浮かぶ日本人は伊藤博文なのである。「100年経っても、伊藤博文」なのだ。韓国人がいかに過去にこだわっているかがわかるし、両国民の意識のズレは、かくも大きいこともわかる。

韓国からの批判に日本側が正面から応えもしなければ反論せず、融通無礙《ゆうずうむげ》に謝罪し、玉虫色の政治決着を図ることで、結果的に関係が悪化するという、一種の共鳴、共犯関係が、どんどん日韓関係を追い込んでいるのが今の現状である。日韓の思い違いに起因する、外交関係の深刻化について、領土問題を具体的な題材として、章を改めてくわしく検討してみたい。

第三章

竹島問題では「日本の完敗」

竹島「爆破」話の真相

日韓の最大の懸案である竹島（韓国名・独島）問題。「我が国の固有の領土」と双方ともに主張している以上、妥協の余地はなく、解決の糸口は見えない。

およそ半世紀前、国交正常化交渉の過程で日韓どちらからともなく「日韓関係の将来に禍根《かこん》を残さないよう今のうちに爆破してしまったらどうか」との提案があったとされるが、どちらが提案したのかは不明だった。しかし、この奇想天外な提案をしたのは、韓国側との説を裏付ける興味深い証言がある。

日韓国交正常化交渉は1951年から始まり、14年がかりで交渉が行われ、1965年に条約締結でケリがついたが、条約締結3年前の1962年12月、日本から大野伴睦《ばんぼく》自民党副総裁、船田中《ふなだなか》、桜内義雄同党代議士ら自民党代表団が正常化交渉のために訪韓したのが分岐点となった。

日本プロレスリングコミッショナーでもあった大野副総裁は反韓派の代表として知られ、

韓国でも嫌われていた。大野一行の訪韓は交渉パートナーでもある、後に総理となった金《キム》鍾泌《ジョンピル》韓国中央情報部（ＫＣＩＡ）部長の直々の招請によるものだ。

大野副総裁は日韓の国境海域にある竹島が日本の領土であることを主張しようと意気込んでいた。それだけに「たとえ、売国奴と言われようとも、今度の韓日交渉は絶対に成功させてみせる」と自らの政治生命を賭けた金部長からすれば、大野招請は一種のバクチでもあった。

金部長は日韓国交正常化に慎重な自民党の実力者、大野副総裁を落とせば、日韓交渉は大きく前進すると考えていた。しかし、万が一、日本の代表団に不測の事態が起きれば、これまでの交渉はすべてご破算になりかねない。実際に大野一行の訪韓に反対する民族主義者らの間ではテロを含む不穏の動きが伝えられていた。ＫＣＩＡは一行の警護に万全を期した。

一行の警備を任されたのが、後にＫＣＩＡ監査部長にまで昇進した方俊模ソウル分室警護係長だった。方氏は朴正熙政権内の権力闘争に敗れ、１９７６年に渡米し、在米韓国人社会とも接触せず、静かに暮らしていたが、11年後の１９８７年にインタビューに成功した在米韓国人新聞「ＴＨＥ　ＳＥＧＡＥ　ＹＩＭＥＳ」の記者に日韓交渉の舞台裏について重大な証言をしていた。以下はそのさわりである。

ソウルに到着した大野一行には金部長から頼まれ、大野訪韓を働きかけた右翼の大物、児玉誉士夫《よしお》も含まれていた。宿舎は朝鮮ホテルに指定され、KCIAソウル分室はソウル市警の女性刑事を大野副総裁のルームメイドとして張り付けた。しかし、この配置は単に警護のためだけではなかった。

到着した翌日、大野一行は朝食を済ませると、会談が始まるまで2時間余りあったので散歩や市内見学に出掛けた。大野副総裁の秘書も私用で外出し、大野副総裁の部屋は空っぽとなった。ルームメイドはこの機会を利用して掃除のため部屋に入り、部屋のキャビネットの中に韓国側との会談に臨むための日本側の秘密文書が保管されているのを見つけ、「大きな魚がひっかかりました」とソウル市警の情報担当官に知らせた。

ソウル市警情報担当官から秘密文書の存在を知らされた方係長は上司の課長にこのことを伝え、書類を盗み出せることを伝え、カメラマンの派遣を要請した。到着したカメラマンに対して方係長は「今回の仕事は韓国情報部の実力を誇示する仕事である」ことを強調し、ルームメイドを装った女性記者に書類を盗み出させ、写真を撮ることに成功した。マル秘と印字されていた書類は日本政府が代表団に伝達した「秘密外交指針書」であった。

写真を撮り終わり、課長に報告すると、課長は「よくやった。金鍾泌部長がその写真の到着を待っている。一時間後には会談が始まるから、日本側の出方を知るうえでも是非その前に見ておきたい」と方係長の労をねぎらった。現像された写真から書類に「竹島は日本の領土であることを主張すべきである」ということが書かれてあった。

大野・金鍾泌会談は南山のＫＣＩＡ本部で行われたが、大野副総裁は案の定「竹島は日本の領土であり、日本に返還しなければ、今後会談には応じられない」と竹島問題を持ち出した。これに対して、金部長は待ち受けていたように「今日の会談は韓日国交に向けての予備会談で、独島のための会談ではありません。もし、独島のせいで会談がうまくいかないのなら、飛行機から爆弾を落として、独島を爆破させ、失くしてしまえばよいではないですか」と笑って答えた。

大野副総裁は金部長の口からこのような大胆な発言が出るとはまったく予想していなかったようで、当時36歳だった金部長を「若いのにたいした男だ」と褒めちぎっていたと聞かされた。よもや金部長が事前に日本側の手の内を知っていたとは夢にも思っていなかったのだろう。いずれにせよ、金部長はこの一言で大野副総裁の心を捉えてしまった。

ＫＣＩＡの工作により、日韓予備会談は韓国側の成功裏に終わった。特に、この会談をきっかけに二人が意気投合したことは、日韓条約締結に向けて大きな転換点となった。

韓国嫌いだった大野副総裁は一転「親韓派」に転じ、翌年の1963年12月の朴正熙大統領就任記念式典に政府の特使として訪問するなど、日韓国交正常化のための重要な橋渡しを担うようになった。

以上がことの顚末《てんまつ》だが、結局、この「竹島爆破案」は日韓ともに国内から「自国の領土に爆弾を投下するとは何事か」と激しい批判にさらされるのを恐れ、外交交渉の場でも、政治家による非公式の場でも、一度もまともに議論されることはなかった。

お粗末すぎた日本外交

ところで、日韓双方が領有権を主張している竹島（独島）について、島の名前は知っていても、どのような島なのか、日本人にはほとんど知られていない。韓国の初代大統領・李承晩が1952年にいわゆる「李承晩ライン」を引いて、竹島をライン内に取り込み、日本を締め出すために漁船328隻を拿捕《だほ》し、日本人44人を死傷させ、3929人を抑留したことで、島に近づけなくなり、島の実態調査が行われていないのが原因だ。

竹島は、日本海の南西部、隠岐諸島の北西沖にあり、男島（西島）、女島（東島）の2島と37の岩礁からなる。総面積は東京の日比谷公園ほどの広さ。周囲は断崖絶壁で、飲料水に乏しく、元来は無人島であった。

韓国側の資料によれば、竹島近海には、韓国側の推定で水深300メートル以下の地層にメタンハイドレートが埋蔵されていることが判明している。2005年には韓国科学技術院生命工学科の調査によって、鬱陵島《ウルルンド》と竹島の海底に最も多い量が埋蔵されていることが確認された。その埋蔵量は、約6億トンに達するとみられている。ガスで抜き取れば30年間使用できる量だ。竹島周辺海域にメタンハイドレートが埋蔵されていることは、韓国側だけではなく、すでに商業的生産が行われているロシアの資料でも確認されている。

韓国は原油が一滴も出ないが、原油消費量は世界6位で、エネルギーの対外依存度は100％に近い。仮に1970年代のようなオイルショックが再発すれば、国内産業が大きな打撃を受ける。そこで韓国は自前の天然ガスの発見に力を入れているが、芳しい成果を挙げていない。韓国地質資源研究院や韓国石油公社などで構成する「ガスハイドレート開発事業団」は竹島から90キロ離れた鬱陵盆地周辺で試験生産に入る計画だという。

一方、世界第4位の原油消費国である日本はすでに北海道、本州、四国、九州、南西諸島沖でハイドレート層を探し当てている。しかし、竹島周辺については、2006年に竹島近隣の海底地形を調査するため測量船を出発させようとしたものの、韓国との外交摩擦が生じたことから取り止めとなり、これまで一度も資源調査を行ったことはない。

日本はメタンハイドレート地層で天然ガスを抽出するのに世界で初めて成功している。安倍政権は「海洋基本法」を制定し、資源調査を本格化する方針だ。新潟県の佐渡沖で調査を行った後、島根県隠岐島周辺で調査を行うことにしているが、隠岐島から竹島までは157キロメートルである。メタンハイドレートの商用化が進めば、竹島の領有権をめぐる日韓の対立はさらにヒートアップするだろう。

とはいえ、もはや日本は竹島に手も足も出ないのが現実だ。2012年8月10日、韓国の大統領として初めて竹島に上陸した李明博のパフォーマンスは、そのことを内外に示した。

日本では「韓国大統領がとうとう竹島に上陸した」と怒りの声が上がったが、韓国では「李大統領がついに竹島を訪問した」と歓迎一色。この「上陸」と「訪問」という表記こそ、対立する日韓両国の立場を象徴しているが、当時の世論調査によると、国民の66・8%が李大統領の行動を評価し、否定的な意見は18・4％しかなかった。

日本国総理の靖国参拝をめぐって、公私に関わらず韓国は断固反対の立場なのと同様、李大統領の竹島上陸も、日本の立場からすれば、公私にかかわらず断じて許されないことだ。

韓国大統領の中で最も「反日」だった李承晩や盧武鉉も、竹島に上陸したことはなかった。盧武鉉大統領は2005年2月22日に島根県が「竹島の日」を制定したことに「もうこれ以上、見過ごすことはできない。外交的に断固対処する」として、首脳会談を含め日韓シャトル外交を中止した反日大統領であったが、それでも、禁断の地に足を踏み入れなかった。事の重大さを承知しているがゆえの自制だったのだろう。ところが、むしろ親日と評されていた李明博があっさりと「暗黙の掟《おきて》」を破ったのだから、日本政府が受けた衝撃は大きかった。

上陸の同日、ロンドン五輪の男子サッカー日韓戦で日本に勝利した韓国選手が、サポーターから「独島は我が領土」と描かれたメッセージを受け取り、掲げて競技場を闊歩《かっぽ》するという、オリンピック憲章が禁じる政治的主張を行った。

日本も対抗措置の一つとして国際司法裁判所への提訴もあるが「両国が共に合意してこ

そ、紛争解決の手続きに入ることができる」との日韓協定（紛争解決に関する交換文書）がネックとなっている。

それでも、韓国の実効支配を形骸化させるため、一時単独で検討したこともある海底地質調査を名目に竹島海域に海洋調査船を入れ、それを警護、護衛する名目で海上保安庁の警備艇が入ることは可能である。中国の警備艇が尖閣諸島周辺海域に頻繁に出入りしているように、緊張が高まれば高まるほど、「日本との間に領土問題は存在しない」との韓国側の主張が説得力を失い、逆に国際世論に竹島の領土問題をクローズアップさせることができ、後に述べる国際司法裁判所（ＩＣＪ）への単独提訴も次の手への布石ともなる。

その大義名分として、盧武鉉大統領の２００５年3月の国民向け談話をそっくり韓国側に返すことも一つの手かもしれない。

「これまでは政府間の葛藤を招く外交上の負担や経済に及ぼす影響を考慮し、何よりも未来志向の日韓関係を考えたために自制してきた。しかし、(先方から) 返ってきたのは未来をまったく考慮しないような行動だ。今はむしろ政府が前面に出なかったことが先方の慢心を招いたのではないかとの疑問が提起されている。これではだめなのでこれから政府がやれることはすべてやる。まず外交的に断固対応する」

たとえば、この談話の精神をそっくりお返しして、韓国側が誠意を見せるまでは相手にせず、最悪の場合、韓国側から打診があっても首脳会談にも外相会談にも応じないことだ。これは北朝鮮が韓国側から譲歩を引き出すために取っていた手法だ。李前大統領も、2005年に竹島に上陸した朴槿恵前大統領も、また2016年7月に竹島に上陸してパフォーマンスを演じた、次期大統領の最有力と目されている文在寅《ムンジェイン》氏も日本の法律に基づけば、日本の領土に不法入国した、処罰対象の「不法入国者」である。相手が誰であっても法治国家の日本の総理や外相が、日本の主権を侵害し、不法入国した「犯罪人」を相手に会談はできないはずだ。

ところが、日本政府の対応はお粗末極まりないもので、抗議するのが精一杯だ。李大統領の時は上陸後の13日、日本政府は韓国と結んでいる（通貨スワップの）資金支援枠の大幅な拡大は見直さないと表明。すると李明博は14日、いわゆる「日王謝罪要求」発言を行い、日本政府は駐韓大使の一時的な帰国措置を取った。当時の野田総理も、玄葉光一郎外相も「毅然《きぜん》たる対応を取る」として、駐韓日本大使を召還する一方で、韓国の申駐日大使を呼び強く抗議した。しかし、2週間もしない間に帰任させた抗議は、韓国からすれば、想定内で、痛くもかゆくもない。日本が「相応の対抗措置」を取るということは、本来ならば野田総理が竹島を訪問することだが、武装した韓国の警備兵が駐屯している状況下では現実的に不可能だ。

同月17日、野田総理は事態打開をめざして李明博大統領に親書を送ったが、韓国側は受領せず、22日に日本の外務省に返却しに来たため、敷地内への立ち入りを拒否。同日、玄葉大臣は駐日韓国大使に抗議した。野田民主党政権は「不法入国者」に対話を呼びかけ、かえって拒絶されるという恥の上塗りを演じたわけである。

その後日本は「日韓財務対話」を延期したり、延長した通貨スワップを終了させたが、この種の経済制裁はさしたる「対抗措置」にはならなかった。ほとぼりが冷めれば、再開されるのは目に見えていた。そもそも日本は韓国に、経済交流の中断など経済制裁を科せない。脆弱《ぜいじゃく》な経済の北朝鮮に対する制裁とはわけが違う。

日韓の貿易は700億ドル前後だが、日本の貿易黒字が300億ドルで、韓国との貿易、経済交流を止めれば、逆に日本の経済が大きなダメージを受ける構造になっている。まして、韓国経済に占める日本の経済力は昔ほどではない。韓国が近年、日本よりも中国にシフトしているからだ。中韓貿易は日韓貿易の約3倍の2000億ドルを軽く突破している。日本がせいぜいやれることは、公務員に韓国の飛行機に乗らないように訓示するのが関の山と、侮《あなど》られていた。

すでに勝負あったか？「竹島問題」

２０１２年8月の李明博大統領の竹島上陸に端を発した日韓「領有権騒動」は、同年10月、韓国国防委員会に所属する国会議員らが竹島に集団上陸し、「独島はわが領土、我々が守る」と記した横断幕を掲げ、気勢を上げたことで再燃した。自制できず、たたみかけて日本を刺激するとは、韓国の政治家も愚か極まりない。

それにしても、日本は完全にお手上げ。上陸の情報を事前にキャッチし、中止するよう申し入れたものの、韓国側はまったく聞く耳を持たなかったというから、実に嘆かわしい。

上陸が決行されたことを受け、当時の藤村官房長官は「極めて遺憾である」と強く抗議し、また外務省事務次官も駐日韓国大使に電話で抗議したそうだが、韓国側は日本の抗議を全然意に介さなかった。というのも、国防委員による竹島上陸は何も今回が初めてではなく、２００５年、08年、12年、13年にも強行している。何度も同じ目に遭っているのに、日本の対応は抗議だけだった。

今回も、いつもと同様、官房長官は韓国政府に対して再発防止を強く求めたが、間違いなくこれからも同じことが繰り返される。２００5年に上陸した13人の国防委員の中には、当時セヌリ党の朴槿惠大統領も含まれていたからだ。２０１2年の時は「ポスト朴槿恵」の有力候補だった与党・セヌリ党の劉《ユ》承旼《スンミン》委員長（当時）が含まれていた。

本来なら、対抗手段として、防衛、安全保障委員会に属する日本の国会議員らがヘリコプターで竹島上空を旋回し、上空から視察する。あるいは、尖閣諸島で見られるように船をチャーターして上陸する手もある。しかし、上空からの視察は竹島に配備されている対空砲の脅威にさらされ、船による上陸は韓国警備隊による拿捕が待ち受けている。よほどの「勇気」「決意」がなければできない。

ならば、竹島に上陸した韓国の国会議員への対抗、制裁措置として、日本への入国を禁止することも一案だが、過去の例からしてそれもまたできないのが、日本という国だ。

一例を挙げると、２０１１年10月、日本政府の再三にわたる抗議を無視し、韓国超党派の「独島を守る国会議員」らが主導して、竹島で「美しいわれらの領土独島音楽会」と題する音楽会を開いた。この音楽会を主導した中心人物が、北朝鮮の拉致問題に取り組んでいる自由先進党の朴宣映《パクソンヨン》議員であった。困ったことに朴議員に対する日本政府の対応は、竹島問題では抗議しながら、拉致問題では協力を要請するという矛盾した対応だった。

朴議員が属する「独島を守る国会議員連盟」は、独島が韓国の領土であることに異を唱え、奪還運動を展開する日本の政治家らの入国を阻止するよう、政府に強く求めていた。日本にとって看過できない議員のはずだ。その渦中の人物である朴議員が音楽会開催後の翌11月、日本を訪問すると、政府は来日を許可し、事情聴取もお咎《とが》めもまったくなかった。こうした寛大な対応が、三度目の国会議員らによる竹島上陸につながったのだ。

竹島が日本の領土と主張するなら、どういう事情であれ竹島に入った朴議員は日本の主権を侵害し、不法入国した人物だ。来日したなら、法治国家のけじめとして何らかの処分をするのは当たり前のことである。韓国ならばそうしたであろう。

まして、その直前の2011年8月に竹島への中継地である鬱陵島視察計画をした新藤義孝、稲田朋美両衆院議員、佐藤正久参院議員ら日本の国会議員が入国を拒否され、「強制追放」されたことに日本政府が抗議したばかりだった。

韓国の出入国管理法第11条には、「韓国の利益や公共の安全を害する、行動する憂慮があると判断される場合は、法務長官が入国を拒否することができる」とある。今回、この法を国会議員にも適用し、法務長官の命令が出たわけだ。

韓国から日本に帰化した評論家の呉善花《オソンファ》氏が、2007年10月と2013年7月に、それぞれ実母の葬儀と親戚の結婚式に出席するため韓国に入国しようとしたところ、拒否された件も、この条項をたてに入国拒否したと思われる。個人が私用で葬儀や結婚式に出席するのがなぜ韓国の利益や公共の安全を害するのか、日本から見れば冗談でしかないが、韓国は徹底している。

日本の国会議員側は、韓国との意見交換や日韓友好を大義名分にしていたが、韓国側はそうした表向きの理由を疑い、騒ぎを起こして領土問題を内外に知らしめることが目的だろうと入国を拒否した結果、反発した議員が記者会見を開き、さらに大騒ぎになった。すんなり入国させればよかったのに、愚行によって事を荒立てた韓国のデメリットの方が大きかったのだ。

2008年7月、「独島は韓国領土　対馬も韓国領土」と日本語で書かれたTシャツを着た、韓国の退役軍人21名が対馬市役所の前に二列縦隊を作り、韓国国歌を斉唱した後、「対馬も韓国領だ」とする声明文を読み上げ、足元に大きな韓国国旗を敷くと、前列の人間の髪を後列の人間がバリカンで刈り、さらにはナイフを持ち出して自分の指を切って、血を国旗の上に垂らしたという。百害あって一利なしとはこのことだ。

そして2013年3月、韓国慶尚南道の昌原《チャンウォン》市議会議員42人が、8年前に制定した「対馬の日」を記念して対馬を訪問すると発表した。同市議会は2005年、島根県が「竹島の日」を制定したことに対抗し「対馬の日」を制定、「対馬が韓国の領土であることを全世界に宣明する」としていた自治体である。結局、対馬市議会が面談に応じなかったため、訪問中止となったが、日本は入国そのものを拒否しなかった。

これらの経緯を見れば、どちらが毅然かは一目瞭然だ。入国拒否した韓国と拒否しなかった日本。固有の領土とする竹島に上陸した韓国国会議員の入国を認めるとしても、イエローカードを出すなり、何らかの注意はあってもよさそうなものだ。

日本が朴議員の入国を認めた理由は、拉致問題だった。この女性議員は、竹島問題では日本の敵だが、拉致問題ではパートナーという矛盾を抱えていた。私は「日本国はやはり竹島よりも拉致を優先させるのだな」と思った。竹島上陸は本来、主権侵害の最たるもののはずである。韓国側は、日本の国会議員に対して入国拒否の措置を取ったのに、日本側は韓国の国会議員の入国を認めてしまった。これのどこが、日本のいう「毅然たる外交」だろうか。

私は元来、日韓ともに入国拒否すべきではないとの立場だ。しかし外交というものは相互主義でなければいけない。韓国が入国拒否したなら、冷静に、同じ対抗措置を取るのが原理原則だ。毅然とした対応を唱える以上、日本は不法入国の韓国国会議員を入国拒否してしかるべきなのに、寛大すぎる処置で済ませてしまった。いかに日本が原理原則にルーズかということで、なめられてたまるかと言うが、これではなめられるのも当然だ。日本の外務省もいい加減である。

一方で、日本の国会議員はどんな対応をしたのか。2008年12月、自民・民主両党の国会議員、山谷えり子、衛藤晟一《せいいち》、松原仁、山田正彦、平沼赳夫氏ら拉致議員連盟の中核メンバーが対馬を視察した。目的は、韓国人の観光ラッシュの実態、それに伴う韓国資本による土地、不動産の買い占めの実情を調査すること。拉致議連ではなく、「日本の領土を守るために行動する議員連盟」(領土議連)の視察というふれこみだった。

拉致問題や北朝鮮に対しては日韓共闘を求めている拉致議連の方々が、歴史認識問題では韓国と対峙する。「領土議連」の視察は、韓国人による対馬の不動産の買い占めをこのまま放置すれば、対馬そのものが韓国に乗っ取られるかもしれない、海上自衛隊の基地近くの土地が買収されれば安全保障上好ましくないとの危惧によるものだ。日本がかつて真珠湾攻撃したハワイの土地、不動産を買い占めても米国で起きなかった議論が、日本で起きていたのも興味深い。

要は韓国からの観光に頼らなくても、島の生計が成り立つような国内施策を講じることが、問題の解決策だ。簡単な話、多くの日本人が対馬を訪れ、土地や不動産を買えば済むことだ。

私も同年秋、横浜港から客船「日本丸」に乗船して、韓国クルーズをしたが、途中対馬を通過した。可能ならば下船して、島を見学したいとの誘惑に駆られたが、デッキに出て、島を見渡していた日本人乗客は多くなかった。

たとえば日本人観光客の対馬までの渡航費を、補助金で安くするだけで国境の島は助かるのに、そういう法案一つ通せない、あるいはやろうとしないところに問題がある。日本の国会議員は、冷静な対抗措置を取らず、どこまでも感情的な対抗心に基づく行動にとどまっている。

お粗末なのは当時の民主党政権だけではなかった。李明博大統領の竹島訪問から2か月しか経たない10月、政権復帰目前の自民党の麻生太郎元首相が、奇異なことに訪韓し、李明博大統領とにこやかに会談してしまったのだ。どう見ても、韓国側の完勝である。

日本外交にはしたたかさが感じられない。原理原則を欠き、国益、実利を最優先にした外交が展開されていないのだ。「毅然」「毅然」はしょせん、掛け声だけだった。

日本の担当大臣はよく、「拉致問題は、わが国に対する主権侵害である。従って、その歩みを一時たりとも止めることはできない」という。もっともな話だ。だとすれば、同様に韓国による竹島（独島）の実効支配もまた、日本にとっては主権侵害の最たるものだろう。日本がどう主張しようが、韓国政府は日本にとっては不法占拠となる実効支配を今後さらに強める方針だ。日本政府がいくら抗議しても、韓国は抗議をはねつけ、逆に「独島」を自国の領土と記した教科書検定や外交青書を徹底的に批判するだろう。

真の国益外交とは何か、実利外交とは何か？　日本はもう一度、外交を検証してみるべきだろう。

「毅然とした外交」からかけ離れた感情的対立

そもそも、竹島問題がこのようにクローズアップされた直接のきっかけは、日韓漁業協定の改定である。日韓の国交樹立と同時に締結された旧日韓漁業協定締結後、両国間で操業トラブルが頻発。解決交渉も竹島問題で決裂した。

１９９４年、国連海洋法条約が発効すると（日本の批准は96年）、韓国政府は、竹島の不法占拠を国際ルールに則って正当化すべく、竹島に接岸施設を建設。日本政府が抗議すると、反日感情を爆発させてけん制した。

そこで１９９８年1月に、日本側は協定終了を韓国に通告。それでも日本政府は、韓国側の反日感情を考慮して竹島問題を棚上げして譲歩、妥協点を探り、１９９８年11月に新たな日韓漁業協定を締結した。その結果、日本海には排他的経済水域の中間線を引けず、日韓の共同管理水域が設定され、韓国漁船による不法漁撈問題が多発した。漁業者からの反発に苦慮した島根県議会が２００５年3月に「竹島の日」条例を成立させ、竹島の領土権確立を求めたのである。

２００8年には日本が中学校社会科の学習指導要領解説に「我が国と韓国の間に竹島をめぐって主張に相違があることなどにも触れ」と、初めて竹島に関する文言を導入。韓国側は反発し、駐日大使を一時帰国させた。２０１1年3月に「竹島は日本の固有の領土」と明記された日本の教科書検定結果が発表されると、日韓関係は悪化の一途をたどった。

教科書検定に猛反発した韓国政府が、竹島の北西約1キロの地点に海洋調査のための海洋科学基地建設の基礎工事に入ると宣言したことから、対立にさらに拍車がかかった。日本の「領土議連」は緊急総会を開き、韓国に対して海洋科学基地建設計画の即時撤回を求めた（その後韓国側が計画を延期）。議員連盟は「（日本が）東日本大震災の被害復旧に全力を挙げている最中に韓国はここぞとばかり不法占拠を強化している」と怒り心頭であった。同月これに先がけて自民党の「領土に関する特命委員会」が開かれ、島根県が定めた竹島の日を中央政府レベルに昇格するよう政府に申し入れている。

その折、韓国マスコミに、地元島根県選出の自民党の細田博之元官房長官が「韓国による竹島実効支配強化は断じて許せない。政府は（抗議の意思表示として）韓国からの義援金を拒否すべき」と発言した、と報道されたことから韓国が逆ギレ。韓国では「日本は震災で国際社会からの支援が必要な状況下にあるのに、韓国を刺激するような竹島発言は理解できない」との立場だが、日本は日本で「地震と領土問題は別問題」「火事場泥棒のようなことは許さない」との立場で、「韓国がやっていることは、人の弱みに付け込むようなこと」と映ったのである。

震災後、日本からのSOSに隣国の韓国は真っ先に救援隊を送り込んだ。韓国国内では支援活動や募金運動もかつてないほど活発となった。李明博大統領自身も駐韓日本大使館を弔問《ちょうもん》し、哀悼とお見舞いを述べた。韓国の大統領としては、前例のないことだ。こうした一連の動きをみて、日韓関係は本当に近くて近い関係になったと、多くの関係者が思った。

しかし、2011年4月、日本の教科書検定結果が発表された後、にわかに雲行きがおかしくなった。震災救援活動に影響し、寄付が著しく減少してしまった。29日には1067件あった一通2000ウォンの電話寄付が、検定結果が発表された日は、256件と大幅に減少してしまった。実に残念なことだ。

日本大使館の門前は、弔問客ではなく、「韓国挺身隊問題対策協議会」など抗議団体のメンバーに取って代わってしまった。抗議に訪れた一人は「我々は日本の災難に平和の手を差し出したが、日本は侵略歴史の時計を元に戻そうとしている」と叫んでいた。

日本政府は文部省の教科書検定に続き、竹島の領有権を盛り込んだ2011年外交白書を決定。さらにひと悶着《もんちゃく》した。日本政府は、領土問題と震災とは別問題で、震災で支援を受けているからといって、国家主権に関わる問題で譲るつもりはないとの考えだ。それはそれ、これはこれとの立場だ。日本の立場からすれば当然だが、残念ながら、結びつけて考えているのが韓国である。

領土問題で島根県のカウンターパートにあたる鬱陵郡慶尚北道の知事は「日本政府は大震災で試練に直面している最中に計画的に教科書を歪曲《わいきょく》し、独島（竹島）侵略の野望を露骨に示した」との怒りの談話を発表。韓国国会の独島領土守護対策特別委員会の委員長は「日本の大震災を助けようとした韓国に背信した日本政府の妄動の即時中断を求める」と述べ、「日本政府に検定承認撤回を求める決議案を採択する」と息巻いた。超党派の14人の議員が連名で「日本の主権侵害には抑制しつつも断固たる対応をすべきだ」との声明を読み上げ、保守政党の自由先進党の議員は李大統領に対して、ロシアのメドベージェフ大統領の北方領土訪問と同じように竹島を訪問するよう促していた。結果として、李大統領は翌年の8月に竹島に上陸した。

日本が動き、それに反応して韓国が騒げば騒ぐほど、日本にとって都合の悪い韓国の実効支配が強まるというのも、皮肉なことだ。1950年代には8人の警察官を常駐させたのを皮切りに、90年代に入ると、500トン級船舶が利用できる接岸施設を設置し、ついには有人灯台まで設置。「独島」を管轄している慶尚北道は船舶の接岸工事や、宿泊施設の建設も計画し、すでに着工している。竹島は韓国人にとって今や観光の「名勝地」である。

それだけではすまない。李政権時代の与党だったハンナラ党は竹島の実効支配をより強固にするため二つの島の間（140メートル）を埋め立ててつなぐ法案を推進した。日本が沖ノ鳥島周辺をコンクリートで埋め立て、実効支配をしている手法を真似たものである。島が一つになり、住民及び観光客用の宿泊施設が建設され、さらに定住者が、そして観光客が増えれば、韓国の実効支配は完了する。そうなれば日本の「奪還」は一層難しくなる。

韓国が竹島を長年にわたり実効支配してきたのはまぎれもない事実で、日本はその現状を本気で変更するつもりはないようだ。領土問題も韓国の「反日感情」も一切お構いなく、毎年万単位の日本人が韓流アイドル見たさに韓国に押し寄せていることでも明らかなように、島根県民も国民の多くも、何らかの実力行使を考えているとは思えない。ほとんどの日本人にとって韓国は「仮想敵国」ではないのである。

それでも韓国側は、日本はいつの日か奪還に来ると構えている。日本の教科書に「日本固有の領土」を「韓国に不法占拠されている」と明記したことがその証左だと警戒する。自衛隊の戦力増強、海外派兵、有事法制や総理の靖国参拝、そして憲法改正の動きに過敏な反応を示すのは、いつの日か竹島を奪いに来る悪夢が現実になると信じて疑っていないからだ。日本が中国の軍事力増強や膨張主義、台湾への武力統一を警戒するのとまったく同じ心理状態にある。

したがって、英国がアルゼンチンからフォークランド島を奪還したような、海上自衛隊による武力奪還は、全面戦争を覚悟しなければとてもできないし、現実には不可能だ。海軍力では日本が韓国よりも上回っているが、もとより米国がそれを許さない。「尖閣」で米国に防衛義務が課せられているように、米国は米韓相互防衛条約に基づき、韓国を防御する義務があるからだ。米国にとって、在日米軍（約3万3千人）と在韓米軍（約2万8千人）が「竹島」で事を構えることは、漫画の世界でもあり得ない。まして、米国にとって「竹島」は「尖閣」と異なり、安保条約第5条の適用外である。

日本ははじめから「強硬策」を採用できない。平和的解決の手段として国際司法裁判所（ICJ）に領有権問題での白黒を委ねるほかないのだ。

領土問題のアピールと国際司法裁判所提訴

国際司法裁判所への提訴については、繰り返しになるが「両国が共に合意してこそ、紛争解決の手続きに入ることができる」との日韓協定（紛争解決に関する交換文書）がネックとなっている。国際司法裁判所が日本の提訴を受け入れるかどうかも疑問で、仮に受け入れたとしても、前例がない以上、裁判で領土問題の決着がつく可能性は極めて低い。それでも、日本にはこのくらいしか選択肢が残されていないのである。

そもそも韓国で、竹島問題は領土問題ではなく歴史問題とされ、日本を「侵略国家」とする論拠にされる傾向が強まったのも、1954年9月、竹島を武力占拠した韓国政府に対し、日本政府が国際司法裁判所への付託を提案してからであった。この時、韓国政府は声明を通じ、「竹島は日本が韓国を侵略した最初の犠牲の地」とし、日本が竹島の領有を主張することは、「再侵略を意味する」との歴史認識を示して、国際司法裁判所への提訴を拒否した。

理想は韓国同意による共同付託だが、野田政権が「韓国は堂々と応じるべきだ」と李明博政権に共同付託を求めても、韓国は「一考の価値もない」と拒否した。竹島をすでに実効支配している韓国とすれば、裁判は「勝ってもともと、負けて損々」という考えなので、当然の対応だろう。

ならばと、日本政府は1965年の日韓条約の紛争解決に関する公文、すなわち「両国間の紛争は、まず外交上の経路を通じて解決し、解決できなかった場合は両国政府が合意する手続きに従い調停によって解決を図る」との規定に基づいて単独で提訴することも検討したが、これまた韓国政府は日本との間に「紛争」はないとの捉え方で、無視している。

しかし、日韓条約が交わされた当時の日韓両国の国会議事録を読む限り、この公文が指す「両国間の紛争」が領土問題を意味していることは極めて明白だ。

一例として、1965年8月10日に開かれた韓国国会の韓日条約特別委員会で、金大中議員（後の大統領）が椎名悦三郎外相（当時）との間でこの公文を交わした李東元《イドンウォン》外務部長官を激しく詰問した質問のさわりを引用しよう。

「椎名外相は『竹島のことは必ずしも表示する必要もないので、日韓両国で残された懸案であるということにして将来処理することで合意した』と言っている。李東元外務部長官は独島問題は完全に我が方のものとして解決したと言っているが、一体どうなっているのか？　椎名外相は（日本の国会で）『竹島問題をめぐる紛争の解決に関しては交換公文で処理したことは韓国も十分承知している』と発言している。独島問題を完全無欠に大韓民国の領土であるとして合意を取り付けたというなら外務部長官、ここでその『宝の壺』を見せてもらいたい。独島問題が未解決問題として将来解決するようになっているとなると、話は違ってくる。一体、我々は条約を通じて何を得たのか？　旧条約ははじめから無効であることもはっきりさせられなかった。謝罪も得られなかった。独島問題についても解決できなかった」

朴槿恵前大統領は「独島（竹島）は韓国の領土だ。日本がそれを認めれば、簡単に解決する」と述べていたが、韓国人が思うほど事は簡単ではない。

２０１１年2月、「日韓キリスト教議員連盟」の日本側会長として訪韓した土肥隆一議員（民主党）が、韓国側の連盟と共同で日本政府に対して竹島の領有権主張の中止を求める共同宣言に署名し、ひと悶着起きた。土肥議員は「個人的には竹島は日本の領土とは一概には言えないと思っている」とコメントしていたが、「非国民」として罵倒されるのを覚悟の上で署名したならば、たいした度胸だ。もしこれが韓国だったら、どうだろうか。果たして韓国の政治家に真似できるかといえば、まずあり得ないだろう。「親日売国奴」扱いされ、一瞬にして政治生命を絶たれるだろう。

韓国には国会議員が３００人もおり、その多くは日本との友好議員連盟に属しているわけだから中には一人ぐらいは「独島（竹島）はもしかしたら、日本の領土かもしれない」と、相手の立場に立って考えても良さそうなものだが、韓国の政治家にはそれはできない。韓国与野党はこの問題に関しては「一枚岩」だ。領土問題では右も左もないのだ。

これが不思議なことに、相手が北朝鮮となると、話は別になる。黄海（西海）など領海をめぐる領有権問題で北朝鮮の主張に耳を貸す議員、国民はいくらでもいる。しかし、日本との領土問題となると、事は違ってくる。全員が全員、大韓民国の国益優先だ。

しかし、韓国が何といおうが、誰が見ても、日韓の間には厳然として領土問題は存在する。また、尖閣諸島問題で日本政府が韓国と同じ言葉を発したとしても、どう転んでも、日中間にも領土問題が存在するのは歴然としている。現に外交摩擦や衝突が起きている。

お互いが古い海図や巻物を引っ張り出して「うちの方が先に発見したとか、先につばをつけた」と言っても、相手が納得、承諾しない限り、問題は解決しない。

双方が島から手を引くか、あるいは共有もしくは共同開発するなり歩み寄らなければ、いつの日か、武力衝突もないとは断言できない。そうした最悪のシナリオを避けるためにも、互いが「歴史的にも、地理的にも、国際法的にも固有の領土」と主張するなら、国際司法の場で第三者に裁いてもらえばいい。当事者間の話し合いで解決できないなら、ＩＣＪで白黒をつけてもらうのが最も望ましいが、現実的には韓国が応じない限り、どうにもならない。

したがって、韓国がＩＣＪに出てくるようにするには、皮肉なことに、中国が現在尖閣諸島周辺で展開しているデモンストレーションを、日本も真似るしか手はないだろう。

日本は中国との間に「領土問題は存在しない」というのが一貫した立場だったが、中国は日本政府の「国有化宣言」をきっかけに漁船から巡視船、海洋調査船、さらには軍艦を動員するなど執拗《しつよう》な示威を行い、結果として今では国際社会に日中間に領土問題が存在することを知らしめることに成功している。日本が中国式手法を取り入れれば、韓国も同じような誘惑に駆られるかもしれず、一方の武力行使は他方の武力行使を正当化する恐れもあるから、日本は自衛艦は出せないが、しかし海保の巡視船の派遣は可能のはずだ。

日本政府も、ＩＣＪへの提訴の正当性をアピールするには竹島周辺海域に海洋調査船や漁船による「行動」を並行させることも一つの策だが、日本が中国に対して「力の行使による現状変更を認めない」と言っているのに、同じことを韓国に対してできるのか、というのもジレンマである。竹島とは逆に、中国と領有権で対立している尖閣諸島は、日本が実効支配しているから、尖閣諸島をめぐる日本の主張と対応はまさに竹島問題での韓国のそれと同じなのだ。だからといって安倍政権が何もしないのでは、竹島問題での完敗を認め、受け入れることになる。

試される竹島奪還の本気度

2014年1月30日、安倍晋三首相は国会での答弁で竹島の領有権問題に関して国際司法裁判所（ICJ）への単独提訴を検討し、「準備を進めている」と述べた。その時期については「種々の情勢を総合的に判断して適切に対応する」と具体的には言及しなかった。

ICJへの提訴の動きは何も今回が初めてではない。前の民主党の野田政権下でもあった。李明博が2012年8月10日に竹島に上陸したことに反発し、ICJでの決着を韓国政府に呼びかけ、この年の8月21日に共同提訴を求める外交書簡を送っていた。韓国政府に蹴られることを承知の上での措置だった。

案の定、韓国政府が日本の提案を拒否すると、一転単独提訴に切り替え、この年の10月にICJに単独提訴する方向で調整に入っていた。この時から1年4か月も経過していたので準備は整っていた。要は、安倍総理がその気になれば、いつでも単独で提訴はできたということだ。

仮に日本政府が訴訟を起こしたとしても、韓国政府が応じなければ裁判は開けない。ただし、提訴すれば、ＩＣＪは強制管轄権を行使し、韓国に対して裁判への出席を強制できる。それでも「日本との間には解決すべき紛争はない」との理由で韓国が拒み続ければ、裁判はいつまで経っても開けない。国際法上、提訴された側の韓国が同意しなければ、裁判は開けないことになっているからだ。

安倍総理の発言を韓国政府が「無意味なことである」と一蹴したのは野田政権の時と同様、国際司法裁判所での決着を毛頭考えていないからだ。日本政府が実効支配している尖閣諸島をＩＣＪで解決する考えがないのとまったく同じ立場で、誰が大統領になっても「日本との間には領土問題は存在しない」とのスタンスが変わることはないだろう。それでも、日本にとって提訴する意味はあるので、いつの日かやるかもしれない。

その理由は、第一に、国際社会に韓国との間に領土問題が存在することを印象付けることができるからだ。

第二に、ＩＣＪへの提訴は、国際紛争を解決する唯一平和的な手段であること、日本政府は韓国と争っている領土問題を平和的に解決する努力をしていると、アピールすることができる。

三つ目に、日本が国際法の遵守《じゅんしゅ》を強調することで、韓国にＩＣＪの強制管轄権を受託するよう圧力をかけることができる。

最後に、仮に竹島をめぐり紛争が起きたとしても、あるいは日本が実力行使に訴えたとしても、すべての責任は、ＩＣＪで黒白をつけようとしなかった韓国にあると正当化することができる。

「竹島は歴史的にも国際法的にも日本の固有の領土」との立場に立つ日本が、韓国側の求める領有権主張の取り下げをすることは１００％あり得ない。となると、平和的に解決する方法としては日本からすれば現状では、韓国に実効支配されている竹島問題をＩＣＪで黒白つけるほかない。

竹島を日韓の係争問題にしたのは、アメリカだった。そもそも李承晩ラインは、ほぼマッカーサーラインを踏襲したものだ。これは第二次世界大戦後の日本を占領統治していた連合国軍最高司令官総司令部（ＧＨＱ）の文書で、１９４５年9月に日本漁船の活動可能領域（操業禁止ライン）を定めたものだ。竹島どころか対馬もライン外だったことからわかるように、日本の領海を決めたものではなく、朝鮮南部に軍政を敷いていた米軍政府の統治の都合で設けた区分だった。

ところが、まだ領海が確定していない1946年4月、日本敗戦からまだ一年も経たない段階で、日本漁船がマッカーサーラインを越えたとして、韓国は最初に「不法侵入」を問題化した。ここでマッカーサーラインを境界線と設定したことが、竹島はわが領土という主張に直結したわけだから、戦後処理を中途半端にさせてしまったアメリカに責任があると私は思う。

第二次大戦の結果、植民地だった韓国が、日本から史上初めて獲得した領土という民族のメンツに、李承晩はこだわった。だから日本占領の終了後も、マッカーサーラインをなんとか残すよう、李承晩はアメリカに頼みこんだが、拒否された。そこでサンフランシスコ講和条約で日本が独立する直前の1952年1月に「李承晩ライン」を一方的に設定し、同ラインの内側の水域への漁業管轄権を一方的に主張し、竹島を取り込んだのである（さすがに対馬は外した）。

紛争の種を作ったのは、やはりアメリカだ。マッカーサーライン廃止時に、アメリカが白黒をつけることなく、日韓にゲタを預けてしまった責任は大きかった。私は、アメリカはわざと裁定しなかったのだと個人的に考えている。

日韓がこの紛争を自分たちの交渉で解決できない限り、アメリカの敷いた対立の図式からいつまでも抜けられない。だからこそ、安倍政権の竹島奪還の本気度が問われているのだ。

残念ながら、安倍総理の提訴発言は、従軍慰安婦問題など歴史認識問題で対日批判を続ける朴槿恵前政権をけん制し、日韓首脳会談に応じさせる「外交カード」に使うのが本音のように見える。

日韓合意を結ぶまでの朴槿恵政権の対日関係改善の条件は、

- 2月22日の竹島の日を政府行事に格上げしない
- 河野談話を撤回しない
- 村山談話を踏襲する
- ＩＣＪに提訴しない
- 二度と靖国に参拝しない

の5点に集約されるが、現実には安倍総理はこれら五つの条件を踏襲することで韓国を対話のテーブルに引っ張り出し、日本にとって有利な日韓合意を取りつけたと言えなくもない。

この5枚のカードのうち、「河野談話」と「村山談話」は菅官房長官や岸田外相が再三にわたって「安倍政権も踏襲する」と言明し、「戦後70年談話」でも表明しているし、残り3枚も日本にとっては「伝家の宝刀」であるＩＣＪ提訴を含めて懐にしまったままだ。「抜くのか、抜かないのか」は総理の決断のみだ。おそらく安倍総理がこれまでの対米追従路線を部分的にも変えない限り、簡単には抜けないだろう。

試されているのは安倍総理だけではない。日本国民の領土に対する「本気度」が、韓国人に明らかに負けているのである。何よりも日本国民の「竹島」への関心が「尖閣」に比べて薄すぎる。

もしこれまで通り伝家の宝刀を「抜けない」ならば、日本は領土の主張を棚上げにし、竹島周辺の海底資源、水産資源を日韓のどちらも活用できるように共同開発する道を選択したらどうか。あるいは、おそらくできないとは思うが、竹島を「紛争の島」ではなく、「友好の島」に規定し、未来志向の発想から日韓友好の象徴として共同管理する方策を考えてみるのはどうか。首尾一貫して韓国に圧力をかけ続けることができないなら、柔軟策に切り替えるしかないだろう。

単独提訴はあるか

2016年6月と12月に韓国海軍と海洋警察が合同で「独島（竹島）防衛訓練」を実施した。今回の訓練には小規模ながら海兵隊員も初めて参加している。「（他国の）船舶の領海侵犯」を想定した韓国軍と海洋警察による合同訓練で「竹島の不法占拠」（独島の実効支配）強化が目的である。6月の訓練には海軍から駆逐艦など水上艦約10隻に加え、哨戒機P3や対潜ヘリコプター「リンクス」などの航空機が投入され、12月の訓練には空軍F15K戦闘機も加わって行われた。海兵隊員10数人がUH60ヘリに乗って竹島に上陸する本番さながらの訓練が実施された。海兵隊の島上陸は2011年末以来のことである。

実戦に近い訓練となった理由は、韓国の説明では外部勢力が韓国の領土である独島を不法に占拠しようと、上陸を試みた状況を想定して行われたというが、独島を不法占拠しようとする「外部勢力」が日本を指していることは言うまでもない。「独島」は日本の固有の領土である「竹島」であると日本が領有権を主張しているのも自明だ。

日本政府は外務省を通じて、また駐韓日本大使館を通じて「訓練は容認できない」と抗議している。しかし、韓国から「独島は歴史的にも地理的にも韓国の明白な領土であり、我が軍隊の領土守護の活動は主権の問題である」と一蹴されている。日本は抗議する以外に手も足も出ないようだ。

現実に、竹島問題ではそう簡単には対抗措置は取れない。仮に日本が「竹島防御訓練」という名の下に海上自衛隊と海上保安庁が日本海で同様の軍事的な対応を取れば、韓国が猛反発し、軍事紛争を誘発しかねない。韓国の大統領が独島に上陸したからといって、対抗措置として日本の総理も竹島上陸というわけにはいかない。韓国に実効支配され、軍事的に押さえられているからだ。

安倍晋三首相は前述した2014年1月30日の国会答弁で、竹島領有権問題の国際司法裁判所（ICJ）への単独提訴を検討し「準備を進めている」と発言していた。その時期については「種々の情勢を総合的に判断して適切に対応する」と具体的には言及しなかった。漫談師の綾小路きみまろの名セリフではないが「あれから3年」、一向にそうした動きはみられない。

繰り返すが、単独提訴に向けた動きは民主党の野田政権下ではじまっていた。すでにその時から4年以上が経過している。準備は整っているはずだ。

韓国側は「独島は韓国の領土だ。日本がそれを認めれば、簡単に解決する」「日本との間には解決すべき紛争はない」として、国際司法裁判所での解決を毛頭考えていない。竹島をすでに実効支配している韓国からすれば、裁判は「勝ってもともと、負けて損々」という考えなので応じることは100％ない。中国ともめている尖閣問題を日本政府が「中国との間には領有権問題は存在しない」としてICJで解決する考えがないのと同じ立場だ。

日本政府は日韓の領土問題については平和的な解決を原則としている。その方策の一つがICJへの提訴である。前述したように、日本政府は韓国と争っている領土問題を平和的に解決する努力をしていると十分にアピールすることができる。また、提訴すれば、少なくともICJは強制管轄権を行使し、韓国に対して裁判への出席を強制できるし、国際社会に領土問題の存在を印象づけることもできる。

しかし、単独提訴には幾つかのリスクが伴うのも紛れもない事実だ。

一つは、日韓関係が再び険悪化するどころか、韓国側の一層の反発を招き、竹島の韓国の実効支配をさらに強めることになりかねないことだ。実際、もうすでに岸田文雄外相が

「国際法上も歴史的にもわが国固有の領土」と発言したことや、日本政府が「竹島は我が国の固有の領土」とする内容を小中学校社会科学習指導要領に明記するよう改訂したことに猛反発している。

また、日本が騒げば騒ぐほど、韓国が実効支配を強めてきたのは否めない事実である。次に、尖閣への対応との矛盾、二重基準を国際社会から指摘される恐れがあることだ。前述したように、日本政府は尖閣問題では「中国との間に領土問題は存在しない」との立場からＩＣＪでの解決を考慮も検討もしていない。その一方で竹島では「存在する」として一方的に提訴するのはダブルスタンダードとの指摘を招きかねない。

さらに、尖閣諸島では国際社会に「現状の維持」を訴えながら、竹島では「現状の変更」を求めるのはこれまた矛盾しているとの批判を浴びかねない。「竹島」で騒げば騒ぐほど、その反動で「尖閣」がクローズアップされるというデメリットもある。

最後に、これが最大のネックとなっているが、同盟国・米国の反発を呼び起こす恐れがあることだ。

ＩＣＪ提訴の動きが野田政権下で表面化した時、訪韓したジェイムズ・スタインバーグ国務副長官は竹島問題について「今、完全に解決する必要はない。当分の間そのままにして徐々に合意を模索するのも一つの方法だ。ＩＣＪなど国際メカニズムを通じて問題を解決するのは正しい方法ではない」と反対していたからだ。「尖閣」も「竹島」も現状維持が望ましいというのが米国の立場である。

安倍首相がＩＣＪに提訴すれば、日韓の良好な関係こそが米国の戦略的国益とみなす米国をまた失望させることになりかねない。揺るぎない日米同盟関係を目指す安倍首相にはＩＣＪへの提訴という「伝家の宝刀」は抜くに抜けないだろう。

第四章

便宜的すぎる韓国「歴史」問題

「反日」から抜け出せない理由

1980年代後半から1993年の金泳三文民政権誕生にかけて、軍事政権の統治からようやく解放され、民主化された韓国政治が、その後、なぜこれほど日本を憎み、日韓条約の精神をほとんど破壊しかねない勢いで対日攻勢を強めていったのか。

間違いの出発点となったのは、大韓民国の憲法にも起因している。

大韓民国憲法に書き込まれた「公式の歴史」では、併合後まもない1919年の3・1運動で大韓民国が建国されたことになっている。1948年7月に制定された最初の憲法前文には、「悠久の歴史と伝統に輝く私たち大韓国民は己未《きび》3・1運動（1919年の独立万歳運動）で大韓民国を建立し、世界に宣布した偉大な独立精神を継承し、今や民主独立国家を再建」したというのだ。

言わずもがなであるが、これは虚偽である。韓国は1905年に日本に併合され、「3・1運動」の時の1919年はまだ独立されておらず、大韓民国は日本の植民地下にあった。

解放、独立を目指した抗日運動はあったものの日本と交戦し、独立を勝ち取ったのではない。いわば、「戦勝国」ではなく、日本の敗戦と共に独立したのである。

全斗煥政権の下で間接選挙ながら軍政から共和政に復帰し、翌年のソウルオリンピック開催に向けて突っ走っていた1987年12月の第9次改憲でも、「悠久の歴史と伝統に輝く私たち大韓国民は、3・1運動で建立された大韓民国臨時政府の法統」を継承すると書き改められ、そのまま現在に至っている。

現在、韓国で問題となっている国定教科書には1948年8月15日を「大韓民国政府樹立」ではなく「大韓民国樹立」と表記することにしているが、革新系は「(1919年の)抗日・臨時政府の否定につながる」として猛反発している。

大韓民国は米ソ冷戦を背景として建国された。38度線を境に北朝鮮と決別する形で国がスタートし、さらに熱戦である朝鮮戦争まで勃発したから、共産国と対決し、北を仮想敵国と規定するのは理解できる。北朝鮮がソ連によって作られたことと同様、韓国はアメリカによって建国されたからだ。アメリカは自由・民主主義の名の下に、韓国と日本を実質的な保護下に置いた。そして、韓国は親米国家であると同時に反日国家となった。

元凶は建国の父、李承晩初代大統領である。亡命先のハワイから帰国して政権トップに就くことができた理由は、アメリカに大韓帝国の独立を支持してもらうために送りこまれて、その後ろ盾を得るのに成功したことが大きい。しかし李承晩は、金日成とは違い、武器を持って日本軍と戦ったことはない。日本軍と実際に戦った金日成が日本を敵視するのはある意味当然だろう。だが李承晩以下の建国当時の韓国の権力者たちは、金日成よりもずっと激しく日本を敵視し、仮想敵国とみなして国づくりをスタートした。反日思想の徹底こそ、今日の韓国で李承晩が評価されている唯一の要素といって過言ではない。国内に政情不安を抱えていたために、旧宗主国であった日本に矛先を向けることで、国民をまとめようとした側面もある。

李承晩の反日政策にはアメリカも手を焼いたが、李承晩は学生革命で失脚するまで一歩も譲らず、1960年代まで日韓交渉はまったく進展しなかった。その後アメリカが交渉を促す形で、1965年に日韓基本条約を結ばせたのである。国交正常化したことにより、韓国の日本に対するむき出しの感情は多少和らいだ。日韓条約の締結ですべてが清算され、水に流されていたら、その後の日韓関係は多少なりとも改善されたはずで、返すがえすも残念だ。

私がなぜ韓国人の反日意識を問題視するかといえば、情緒的な国民性が、韓国の民主化や先進国入りを妨げていると考えるからだ。むろん日本人もきわめて情緒的であるが、韓国人とは表れ方が異なる。日本に「坊主憎けりゃ袈裟《けさ》まで憎い」ということわざがあるが、これがしみついているのが韓国人であり、理性的な判断の妨げとなっている。具体的にいえば、日本や北朝鮮に対して、韓国人は是々非々の立場で見ることができない。これはこれ、それはそれ、悪いものは悪いがいいものはいい、という合理的な判断ができないのであろう。

たとえば70年以上も続く南北対立について、私は北が100パーセント悪いとは思わない。南北間で交戦する事件もたびたび発生しているが、「盗人にも三分の理がある」という日本のことわざのように、すべてを北だけの責任にすることはできない。しかし韓国人にいわせれば、泥棒には一分の理もないのが当たり前なのである。韓国には北朝鮮に対して、前に触れた国家保安法という、かつての日本の治安維持法のような、民主主義国家にはあってはならない人権弾圧の法律が今もなお存在しているのが現実だ。

裏を返せば、第二章でくわしく見たように、対日観、反日感情についても対北と同じで、どんなヘイトスピーチや蔑視、差別的言動も許されてしまう風潮がある。私はこれが、韓国における健全な民主主義の発展を妨げている最大の問題点であり、韓国人自身が克服すべき最大の課題だと考える。この点にもっと早く気づいていれば、日韓関係の強化や在日の政治的立場の改善も、これほど複雑にならずに進んだはずだ。

ただし、韓国の建国過程で無理が通ってしまったのは、アメリカの手の突っ込み方が下手だったという原因も大きい。国際政治の力学の中で、アメリカの仕切りはいかにも中途半端だった。朝鮮半島の分断の固定化も、急ぎすぎたアメリカが大韓民国を先に発足させたことでソ連が反発し、約3週間後に北朝鮮が建国を宣言した経緯がある。

アメリカは日本との戦争に勝利することを優先し、ソ連の南下を容認した。するとスターリンは千島列島から北海道まで手を伸ばそうとした。ソ連軍が釜山までくると慌てたアメリカは38度線を引いて手打ちをしたが、事を急ぐあまり、日韓の保護者としての役割をしっかり果たさなかった。その意味では日韓関係も、米ソ冷戦の犠牲になった点は否めない。

朝鮮戦争を戦いながら日本の共産化を阻止し、一刻も早く完全な隷属下に置く必要があったため、サンフランシスコ平和条約と日米安保条約を結び、突貫工事で戦後日本国を再興させた。韓国も、北朝鮮やソ連と38度線で対峙し、半島の共産化を防ぐため、「反共の砦《とりで》」として建国を急いだ結果、反日を国是とする李承晩の独走を許し、憲法制定過程で無理が生じたわけである。しかし、今日までいびつな日韓関係を是正できなかったのはそれぞれの国民の責任だ。

韓国が歴史を改ざんするのは、やはり北朝鮮と比べて、韓国の国家としての正統性に問題があるからだ。前述した通り、金日成がチェ・ゲバラのように山中で命がけでゲリラ闘争をやっていた頃、李承晩は温暖の地、ハワイに逃げていた。この差が、韓国のコンプレックスになっている。

過去に実現した南北首脳会談では、金大中も盧武鉉も、常に韓国側が北朝鮮に詣でるのが慣例だが、これも両国の正統性の差と関わりがある。1983年、ビルマ訪問中の当時の全斗煥大統領一行を、北朝鮮が爆弾で暗殺しようとしたラングーン事件が起こった。それなのに全斗煥は、大統領任期中に南北関係で手柄を立てたいあまりに、なんとラングーン事件の翌年の1984年頃から孫章来《ソンジャンネ》元駐米公使をパイプ役に金日成との首脳会談に動いたのだ。「花郎計画」と命名されたこの「統一事業」を推進する全斗煥は、孫公使に次のように述べた。

「私は今年初、金日成主席をソウルに招請し、また北朝鮮が招請するなら、前提条件なしに平壌に行くと提案したが、北朝鮮から何の反応もない。金日成主席はパルチザンとして日帝と戦い、独立運動を行った。私は尊敬している。ソウルに来るならば、盛大に歓迎する」と。そして、2年後の1985年、自分を爆殺しようと狙った金日成に密使を送り、親書を渡したのである。北からも密使が来て、結果的には幻に終わったが、驚きの南北統一案が話し合われたとされている。

当然、全斗煥の親書の中では、金日成の抗日パルチザン活動を高く評価する記述があった。国家保安法では敵国の賛美が禁じられているが、こともあろうに韓国の大統領が金日成を絶賛する親書を送り、首脳会談に前向きな返事を引き出したのである。では、首脳会談で北朝鮮が南北連邦制を提唱した場合の韓国側の腹案は何か？　統一のあかつきには、金日成が国家元首に就任し、首相は韓国側から出す。おそらく全斗煥本人がなるつもりだったのであろう。さらに政権与党は韓国側が担い、野党は朝鮮労働党として複数政党制にする、というあっと驚く内容だったとの話が、当時漏れ伝わっていた。金日成を国家元首にするという驚くべき提案は、やはり韓国にとって金日成という存在が無視できなかったことを示している。

前述したように「金日成は偽物」とこきおろし、イメージを失墜させようとする個人攻撃こそが、国家の誕生、正統性に傷を持つ韓国には必須だった。同じように、日本に攻撃の矛先を向けるのも、支配されたことへの恨みだけでなく、劣等感によるものかもしれない。

考えてみれば、朴正熙らによる1961年の軍事クーデター成功後、大統領を解任させずに温存し、国家再建最高会議議長には自分ではなく、前政権で参謀総長を務めた張都暎《チャンドヨン》を就けたが、わずか2か月で裏切り、張都暎議長を失脚させて（翌年逮捕）、独裁国家へと突き進んだ。

1972年7月、朴正熙と金日成は南北共同声明を発表し、南北は自主的かつ平和的に統一すると約束した。南北統一の夢が近づいたと感じた私たちは狂喜したが、すぐに裏切られた。朴正熙は3か月後に「維新体制」への移行を宣言して国会を解散、戒厳令を発令し政治集会を禁止した。

要は独裁を完成させる口実として「南北平和統一のための政治体制の一新」が利用されただけだった。金日成も南北共同声明を機に憲法を改正し、国家主席という地位を設け、さらに後継者として長男の金正日を指名し、世襲王朝と化した。いずれも独裁を強固にするために「南北統一」というカードを利用しただけだったのだ。

民主化の象徴として文民政権の大統領となった金泳三も、もとは金大中と並ぶ野党の大物政治家で、民主化運動の先頭に立っていたのに、1987年の大統領選挙で盧泰愚に敗北した後、盧や金鐘秘ら軍人と手を結んで保守の与党政治家に豹変《ひょうへん》し、次の大統領の座を手に入れた。

南北統一論者を再度喜ばせた2000年の金大中と金正日との首脳会談も、後から4億5000万ドルの裏金が見返りとして北へ送金されていたことが明るみに出た。北朝鮮は本音では、南北対話など望んでおらず、太陽政策で行われた援助で、金世襲王朝の独裁体制を維持することしか考えていなかったというのが、韓国側の大いなる反省となっている。それは金大中の後継者、盧武鉉政権下で、核疑惑を棚上げにしたまま経済援助を続けた結果、北朝鮮史上初の核実験という裏切りに終わったことからも明白である。北が国家体制を維持するために、弾道ミサイルと核開発をいかなる手段を使っても手に入れようとしていることは、その後の歴史が証明している。

2011年12月以降の李明博の反日的態度を、当時の日本の民主党政権は豹変のように受け止めていたが、朝鮮半島の、南北の政治史は裏切りの歴史だといっていい。自分が裏切るか、裏切った連中を誘い込むかしないと、権力を掌握できないのだ。日本の政治家にも政党を渡り歩く人はいるが、韓国ほどではない。国民からそっぽを向かれるからだろう。しかし外国との政治的付き合いに至誠を要求するのは、日本人の甘いところだ。

李承晩がねつ造した歴史の嘘を糊塗《こと》し、正統性を強弁するためにさらなる虚構の連鎖に陥っていく。韓国政治の「暗部」としての歴史認識が、日韓関係悪化の最大の元凶となっていることは、東京から世界を眺めている者として、寒心にたえない。日本の世論がこれ以上、状況を座視できないという気持ちも理解できる。

『朝鮮人強制連行の記録』

朝鮮大学校歴史地理部の教員であった朴慶植《パクキョンシク》氏が『朝鮮人強制連行の記録』（未来社）を出版したのは1965年。1959年に始まった「地上の楽園（北朝鮮）に帰れ！」という北への帰還運動が、必ずしもバラ色ではないと在日たちに実態が知られつつあり、急激に衰退していった時期で、一方では日韓が国交を回復する直前でもあった。そうした朝鮮半島と日本の関係に異を唱えるべく、刊行された政治的文書と言えなくもない。タイトルで一目瞭然だが、この本には60万在日韓国・朝鮮人は強制連行の被害者であり、またその子弟であることが強調されていた。客観的に見て、データや挿入写真も出典もあいまいで、誤用もあった。にもかかわらずこの本は、当時在日朝鮮人の権益擁護団体、圧力団体として政治組織化していた朝鮮総連をバックに出版されたということもあり、朝鮮人強制連行論者の間でバイブルと化していた。

これに対し、40年後の2004年、本格的な批判的分析をしたのが、首都大学東京の鄭《てい》大均《たいきん》教授による『在日・強制連行の神話』（文春新書）である。その冒頭で鄭教授はこう記している。「在日コリアンが強制連行による被害者であるという言説は、在日コリアンによってよりは日本人によって、日本人よりは欧米人や韓国人によって明瞭に語られる」。「強制連行」という用語は、しばしば1939年（昭和14年）から実施された国民徴用令による「徴用」と混同されがちだが、両者はまったく別物である。「徴用」は、戦時における労働力不足を補うための一時的な勤労動員であり、各国が認め合った労働形態で、当然、賃金も支払われた。これが朝鮮人にも適用されたのは、1944年（昭和19年）9月から、翌年3月の下関～釜山の連絡船の運航が止まるまでの7か月間である。運航が止まったのは、日本が制海権を失ったからである。

朴慶植教員の『朝鮮人強制連行の記録』では、「連行被害者」をアバウトに、150万人から250万人とし、日本敗戦後、61万人が日本に残ったとしている。しかし1959

年、北朝鮮への帰国運動に対する韓国の日本政府批判に対して外務省は、「在日61万人のうち、徴用で来た者は245人にすぎない」と発表したことがある。当時の朝日新聞によると、以下のようになる。

「一、戦前（昭和14年）に日本内地に住んでいた朝鮮人は約100万人で、終戦直前（昭和20年）には約200万人となった。増加した100万人のうち70万人は自分から進んで内地に職を求めてきた個別渡航者と、その間の出生によるものである。残りの30万人は大部分、鉱工業、土木事業の募集に応じてきた者で、戦時中の国民徴用令による徴用労働者はごく少数である。（略）

一、終戦後（略）政府の配船、個別引き揚げで合計140万人が帰還したほか、北朝鮮へは（略）連合国の指令に基づく北朝鮮引き揚げ計画で350人帰還するなど、終戦時までに在日していた者のうち75％が帰還している。（略）現在、登録されている在日朝鮮人は総計61万人で（略）戦時中に徴用労働者としてきた者は、245人にすぎず、現在、日本に居住している者は犯罪者を除き、自由意思によって在留した者である」（朝日新聞1959年7月13日）

強制連行どころか徴用労働者の在日の数も驚くほど少ない。私個人の見解としては、人数の多寡《たか》が問題なのではない。数が少なかろうと多かろうと、強制労働の被害者が存在する限り、ある種の補償や謝罪の類は必要だと考える。ただし、それは国家間の問題としてではなく、それぞれの国がそれぞれの国民個人に対してなすべきものであり、いたずらに対立を煽るものであってはならない。

戦前、戦中、日本の成人男子の多くは徴兵に取られ、日本国内は労働力不足であった。そうした状況下で労働力不足を補ったのは玄界灘を渡ってきた朝鮮人である。その中には日本に渡航して一旗あげようとした者もいただろう。一方で、それらを束ねる仲介業者や口利き業者が跋扈《ばっこ》し、いわゆるタコ部屋や賃金の上前をはねる悪質な業者も少なくなかったはずだ。戦時下の犯罪を一律に宗主国の責任と、今になって責めるのは決してフェアとはいえないだろう。

戦前と戦中に、どれだけの朝鮮半島出身者が日本にやって来て、自発的な出稼ぎと徴用者がどれほどを占めていたのか。この本格的な実態調査が、結局、行われていないのだ。日本の外務省も誠実に調べようとしなかったし、韓国は非常にアバウトなドンブリ勘定の数字を持ち出すだけで、本腰を入れた調査をしない。それが問題の元凶である。

実際、徴用者の数はどれほどかわからない。徴用者は拉致とは違い、半島との往還や職住の移動もできていたのだが、韓国人にとって数は問題ではない。極端にいえば、一万人でも百人でも被害は同じという感情論に立っている。

もっとも、韓国側から日本側に有利な証言をする者は出ないだろう。たとえば自分の村ではこうだったと証言できる人はいるはずだが、これだけ外交問題になり、歴史論争になってしまうと、強制ではなかったと証言した人物は売国奴扱いとなり、韓国社会で生きていけなくなる。

同じように、朝鮮人連行に関わった当事者も名乗り出ることはないだろう。

韓国側の基本的な考え方は、加害者には弁護・弁論はいっさい必要ないということである。被害国、被害者の立場ははっきりしているからこそ、徴用者の数字への異論をさしはさむこともない。日本人が「こんなに多いはずがない」と言っても聞く耳も持たない。日本が「水増しされた数字だ」と言えば言うほど反発するのが韓国だ。数が問題ではなく、強制連行があったかどうかが問われるべきというのが韓国人の言い分である。

こうした認識のズレがある以上、徴用の被害がどのくらい存在したのか、少数であってもその全体像を物証とともに認めてしまったほうが、日本にとってメリットが大きい。当時は植民地統治下だったから、資料は日本側が持っているはずである。探せば何かは出てくるだろう。韓国では残念ながら、見るべき資料はほとんど存在しない。

日本はこれまで、事実はどうだったのか、自ら進んできちんと明らかにしてこなかった。言われて仕方なく出したり、あるいはごめんなさいと謝罪すればそれで済むものと勘違いした。それが韓国の誤解や不信を増幅させる原因となったことも否めない事実である。

まず客観的事実を明らかにすべきなのに、その努力を日韓ともに怠ってきたのが、この問題を一世紀も引きずっている最大の元凶である。

嫌韓感情の悪循環

一昔前の日本のメディアは常に「悪いのは日本」とのスタンスで朝鮮半島問題や日韓関係を扱ってきた。今はその反動、逆現象として嫌韓感情を招いている。日韓の世論が「共鳴関係の悪循環」という構造に陥っている。

盧武鉉政権下で、1905年から100年間の過去の歴史を遡《さかのぼ》って裁くことができるという、「過去史基本法」が作られた（真実・和解のための過去史整理基本法、2005年）。軍事政権時代の人権抑圧や、親日派の政治家の罪を問い、責任を取らせるものだが、歴史の見直しは韓国国内の問題に限らず、第二次大戦中の日本による従軍慰安婦や徴用も対象になり、日本やアメリカ、中国にまで波及していく。私にいわせれば、それこそまさに韓国的なのである。歴史をもう一度見直す発想は歓迎すべきことである。しかし、どこまで責任範囲を広げるかの判断があいまいなままスタートし、どこまでもエスカレートしていくのだ。

歴史を見直し、罪の責任を徹底して追及するのが韓国であり、起きてしまった過去のことは「水に流す」日本とはまったく違うのだ。過去に遡って自らの手で歴史を裁こうとする。

日本がかつて朝鮮半島を植民地として支配し、戦後は民主化を弾圧する韓国の軍事政権を支援してきたことは事実だから、日本の言論もその負の歴史を受け入れ、影響を受けざるを得ないのは当然である。しかし、話が韓国に飛び火すると、当然ながら問題はエスカレートしてしまう。

例えば、日本から韓国に行って、連帯を表明したり、反日活動にエールを送ったり、「日本は過去にこんな悪いことをした」と演説して拍手喝采を浴びて、意気軒高な人たちがいるが、何もそこまでやる必要はないと思う。

市民活動家や労働組合活動家や韓国問題研究者、学者らが韓国に行き、自分の意見が韓国で評価を受け、共感を呼んだと、いわば国外で箔《はく》をつけて、国内でより大きな声で発言しようとする光景を目にすると、正直、違和感を抱かざるを得ない。その代表が「慰安婦狩り200人」の偽証言をした吉田清治氏であったということだ。

「吉田証言」は、1983年から92年にかけての朝日新聞の紹介によってお墨付きを得て、韓国での歴史見直し運動に火をつけた。朝日新聞は2014年になって間違っていたと謝罪したが、私に言わせれば一連の騒動は、朝日新聞の「勇み足」による独り相撲に振り回された、ありがた迷惑としか言いようのないものだった。

吉田証言のおかしさは、歴史学者の秦郁彦氏などから、当初よりクレームがついていた。それでも発言を検証しないまま、事実として掲載したことは問題である。韓国にとっても同じだ。最も迷惑を被ったのは、皮肉にも、国際的に批判を浴びた日本より、むしろどんでん返しを食らった韓国側なのかもしれない。

なぜなら、この問題はそもそも日本側から持ち出されたからだ。日本の作家や市民運動家が日本軍の戦時中の暴挙と問題にしていたのが、90年代に朝日新聞の報道で本格的に火がついたのだった。

本来なら日韓基本条約で決着がついていた問題を、今日まで引きずってしまった理由の一端は、明らかに日本国内にある。日本人は善意のつもりで励んできた言論活動が、日韓関係にもはや修復不可能な、取り返しのつかない大きな傷をつけた一因となっているのは否めない事実である。

忘れられた慰安婦問題政治化の端緒――対日対抗措置の外交カードだった

逆に、韓国にも判断の間違いは多かった。例えば従軍慰安婦問題をリードする韓国挺身隊問題対策協議会という組織がある。女子挺身隊と慰安婦はまったく別であり、数多くの日本の女子学生らも、戦時中に工場労働に動員されたことは公然の事実であるが、この団体が名称を変えようとしないことに象徴されている通り、韓国ではその区分が、いまだにあいまいなままである。

慰安婦問題で、なぜ20万人説を立証する証拠が韓国側から出ないのか。日本人が少なからず疑問に思うのは当然かもしれない。当時のある地方で100人、200人の女性が拉致されたなら、何らかの形で記録や記憶に残っているはずで、証言者もみつかるはずだ。韓国人も女衒《ぜげん》として、共犯的存在だったという事情もあるだろうが、それ以上に本質的な問題として、慰安婦女性という被害者を差し置いて、支援団体が主役になっているという事情が大きい。

政治色の強い挺対協が活動している限り、慰安婦問題はそう簡単には終息しそうにもない。これは問題の構図として、日本の拉致問題と「救う会」と似ているところもある。被害者が主役であり、その意思を最優先させるべきだが、支援団体が政治的目的を持って仕切るようになれば、ことはなかなか前進しないものだ。被害者の多くが政治や外交に素人で、かつ高齢、病弱の身であるから、ケアする支援団体は必要であることを否定するものではないが、主客が転倒してしまうと問題は複雑になるものだ。

私が慰安婦問題を調べたところ、政治利用の歴史は金大中政権の1998年に遡ることがわかった。具体的にはこの年の1月、日本政府が日韓漁業協定の破棄を通告したことに態度を硬化させた韓国政府は、対抗措置として、操業自主規制区域である北海道沖での韓国漁船の操業再開を許可し、漁業自主規制協定の破棄と、日本政府が外国漁船の入漁を阻止している北方領土周辺での操業や、日本の水産資源保護に決定的な打撃を与える漁獲方法を打ち出した。

さらにこの時、外交的報復措置として、韓国国会では日本の国連安保理常任理事国加盟に反対し、従軍慰安婦問題の解決を国家として日本政府に要求することが議論されたのである。

韓国政府は日本の国連安保理常任理事国への加盟問題については、それまで沈黙を守ってきた。また、従軍慰安婦問題については国家レベルでは補償を求めないとの立場を取ってきた。

しかしこの時にいたって、日本の国連安保理常任理事国加盟に反対の立場を明らかにして阻止運動を展開し、慰安婦問題でも日本政府が法的に責任を負うべきとする政府見解を表明したのである。具体的には日本政府の「日韓条約で国家レベルでは解決している」との慰安婦問題に関する立場を、柳宗夏《ユジョンハ》外相は同98年1月26日、国会統一外務委員会で「65年の韓日請求権協定締結当時は従軍慰安婦問題の不法性が論議されなかった」と述べ、

「日本政府が今になって慰安婦問題で賠償責任がないと主張するのは道理に合わない」と唐突に批判したのである。

もし日韓漁業協定が破棄されれば、1600隻の韓国の漁船が日本の排他的経済水域から締め出され、その損失額は3千億ウォンを超えるとされた。それに対して、自主規制操業区域での水揚げは121億ウォン（1万2千トン）と見積もられていた。

不利な状況に直面した韓国政府は、場当たり的に、従軍慰安婦問題で決定的な方針転換をしたのだった。韓国政府は同年3月16日からスイスのジュネーブで開かれた第54次国連人権委員会で、従軍慰安婦に対する徹底した真相究明と被害者に対する日本政府の直接補償を促したのである。

韓国通商外交部の当局者は同3月1日「金大中大統領が最近、日本人との会談で慰安婦問題は過去を清算する問題ではなく、人権問題であることを強調しているので、政府は人権問題の次元から日本の責任と直接的な賠償を促す方案を検討している」と語っていた。韓国政府は従来、従軍慰安婦被害者に対する日本政府の賠償を間接的に促してきたが、直接要請したのはこの時が初めてである。

つまり、当時の韓国政府が慰安婦問題を持ち出したのは、対日対抗措置の一つだったのである。日韓の漁業協定交渉で不利に立たされると、北海道沖や北方領土周辺での操業などの日本が嫌がる対抗措置と同じレベルで、日本の国連安保理常任理事国加盟反対運動と、従軍慰安婦問題の解決を国家として、日本政府に要求する外交的報復が決定されたわけだ。

すなわち、韓国側がいま強調しているように、この問題を人道的・道義的・倫理的な見地から解決を日本側に促したのではなく、あくまでも報復のカードの一枚として使い始め、日本政府に対する批判のトーンを突如、強めたわけである。明らかに動機が不純である。

こういう外交手段としての狙いが、私からすればいかがわしく、気に食わない。何よりも、韓国政府が外交カードとして使い始めると、当然、挺対協のような民間支援団体も、政府の後押しを得たと考えて勢いづく。結局、両国関係を後戻りできないほど悪化させてしまった。日本へのカウンターアタックとしての非建設的な政治手法も、当然、批判してしかるべきだ。

韓国政治の一つの弱点は、歴史問題に対するナショナリズムが便宜的かつ場当たり的なところにある。この点では、公式見解としては謝罪を繰り返し、過去の談話を継承してきた日本政府と一線を画す。２０１５年に外交問題化したユネスコ世界文化遺産登録問題を次に見てみよう。

もめたユネスコ世界文化遺産登録問題

「明治日本の産業革命遺産」のユネスコ世界文化遺産登録問題で、韓国政府は関係各国に激しい反対ロビー運動をくりひろげた。例えば、世界教育フォーラム出席のため、ユネスコの事務局長が2015年5月に訪韓すると、朴大統領は登録に反対する強い意思を伝え、6月には世界遺産委員会の副議長国であるセネガルの大統領と会談、その後日本の「産業革命遺産」登録に支持を表明していたセネガル大統領は一転して反対を表明、韓国との経済協力を強化するとの声明を発した。尹炳世《ユンビョンセ》外相は、委員国のクロアチア、マレーシア、さらには議長国ドイツを訪問、各国外相に「韓国が、日本の産業革命遺産登録に反対である」ことを説いた。

日韓関係がそんな不信と疑心暗鬼にとらわれていた時期、韓国を代表する知識人である金容雲《キムヨンウン》・漢陽大学名誉教授と作家・柳舜夏《ユスンハ》氏の「韓国人よ、つまらぬプライドを捨て、今こそ日本から大いに学べ」と題する対談記事を、日本の国際情報誌（『ＳＡＰＩＯ』

2015年8月号）で読んだ。かいつまんで内容を紹介すると、以下のようになる。

金　韓国人は文化や道徳、倫理などすべての面において「日本より優れている」という思い込みがある。

柳　というより「日本より上にありたい」という願望がある。韓国人は現実的に日本に追いついていないことを分かっているはず。問題なのはそうした願望が強すぎて、事実を直視できなくなっている。

金　一方で「日本は儒教的に劣っている」という朝鮮王朝時代の観念を引きずっている。その日本に植民地支配されたばかりでなく、今でも国際社会の位置づけは「日本より格下」。この屈辱をいかに晴らすべきかということに執着し、日本から学ぼうという意識が希薄になってしまった。

柳　昨年のセウォル号沈没事故で「沈没したのは一隻の船ではなく、大韓民国ではないか」と私は主張した。韓国は、はたして国家の体をなしているのか嘆いたのだ。今年はMERS（中東呼吸器症候群）騒動で、WHOから政府の対応の遅れを指摘された。これはとても恥ずかしいことだ。

金　日本をはじめとする国際社会から学ぼうとしていたら、MERSの拡散もここまで深刻にならなかったかもしれない。ただ、大半の韓国人は人から何かを指摘されたり、教えてもらうことを極度に嫌う傾向がある。

柳　だから反省できない。20年ほど前、漢江にかかる聖水大橋と、三豊百貨店の崩壊事故が相次いで発生、多数の死傷者を出した。近ごろでは、街中で突然（水道工事の不具合などで道路が陥没し穴が開く）シンクホールが発生し、車や歩行者が巻き込まれる事故が後を絶たない（編集部注―例えば2015年2月、ソウルで突然歩道が約5メートル陥没し男女2人が転落負傷した）。韓国では安心して道路を歩くことすらできない。

金　地震大国の日本では、橋やビルの崩壊などあってはならないと考える。ところが韓国人は「ケンチャナヨ」（大丈夫）と言って小さな不具合を見逃す傾向がある。

柳　韓国はつまらないプライドによって実益を損なっている。過去の歴史をめぐって日本に謝罪を要求し続けているのは、単に「メンツ」の問題に過ぎない。

金　一方の日本人は「負けるが勝ち」。慰安婦問題での、河野・村山談話やアジア女性基金の設立にしても、日本は落としどころを提示して「これで終わりにしよう」という意思を示した。しかし韓国はそれを素直に受け入れないばかりか、徹底的に日本を追い込もうとして、20年という月日が流れた。

柳　韓国人はそうした日本人の思考を学ばず、排他的かつ国粋的な目線で日本を敵対視してきた。儒教的思考が国土を支配したがゆえに、韓国社会は（現在も）硬直化している。

金　韓国は「日本より優越でありたい」という意識を捨て、良き面を学び取ろうとする視野を持つべきだ。

いささか引用が長くなったが、わが祖国・韓国の本質に触れる部分なのでお許し願いたい。私は金教授とはどこかで交叉している程度の知り合いだが、日本研究について非常に優れた実績を持つ学者であると認識している。作家の柳氏も、面識はないが、韓国の文学賞をいくつか受賞し、韓国きっての保守派論客として知名度が高い人物である。

そして、二人が話している内容については、私は肯定するし、双方とも本音で真剣に語り合っていると思う。

ただ残念なのは、この対談が掲載されたのが日本の雑誌ということだ。本来であれば、この対談は韓国人同士の対談だから韓国人向けに発信されてしかるべきだった。韓国のメディアが企画し、韓国のメディアに掲載されるべきであった。しかし韓国のメディアだけでなく、社会全体がこうした対談を許容する度量は韓国にはまだないようだ。

実際、対談の冒頭で柳氏は「韓国で自国批判をするのはとても勇気のいることですが、金先生はこのような企画に登場して大丈夫ですか」と懸念を表明している。

二人の「日本に学べ」という対談内容もさることながら、こうした自国批判が許されないということに、韓国の病根が存在すると思う。2004年、ソウル大学の李栄薫《イヨンフン》教授は、いわゆる従軍慰安婦について「売春業」であり、「朝鮮総督府が強制的に慰安婦を動員したと、どの学者が主張しているのか」と発言、国内メディアの猛烈な批判を浴びただけなく、教授職辞任を要求され、土下座までさせられている。言い過ぎの面もあるが、それにしても言論の自由などまったくない。

しかも、こうした言論の硬直化は、旧宗主国・日本に対して特段に強い。その理由と弊害は、すでに分析したので、先に記した「産業革命の世界遺産登録」問題の顛末を述べておく。

2015年、韓国の尹炳世外相は、先述したドイツをはじめとする世界遺産委員会の議長国、委員国に日本の産業革命遺産登録に反対する陳情行脚の後、アメリカをまわって6月22日に訪日。岸田文雄外相と会談の後、韓国が目指している「百済の歴史遺産地区」と

「明治日本の産業革命遺産」の同時登録に向け、両国が「協力していくことで意見が一致した」（朝日新聞6月22日）と語り、「このような良い協力事例を通じて、今後、他の問題にも好循環ができるよう期待している」とまで述べている。

「明治日本の産業革命遺産」は松下村塾、長崎のグラバー邸、福岡の三池炭鉱、長崎の高島・端島《はしま》炭鉱（軍艦島）など23施設を一括登録しようとしたものだが、これに対し韓国政府は「7施設で計5万7900人の朝鮮半島出身者が強制労働をさせられていた」として「世界遺産条約の精神から外れ、国家間の不必要な分裂を招く」と、世界遺産委員会の各国に反対票を投じるよう要請した。つまり「7施設で計5万7900人が強制連行されてアウシュヴィッツのように苦役を強いられた」と言うのである。

もっとも、強制労働の被害者は6月中旬、なぜか1516人と、2・6％に激減させている。それはともかく、日本側の主張は「遺産は江戸末期の1850年代から明治43年（1910年）が登録対象時期であり（日韓併合は1910年）、韓国側が主張する第二次大戦末の徴用工問題とは時代背景が異なる」とし、さらに「徴用は戦時下における労働力不足を補うための民間人の労働協力。規定の賃金が支払われ、戦時中の世界各国で行われていたもので、奴隷的労働などではない」というものだった。なお日本では1939年（昭和14年）に国民徴用令が制定され、国内では即、実施されたが、朝鮮半島に適用されたのは戦争末期の1944年（昭和19年）。5年のタイムラグは、併合した朝鮮半島への遠慮があったのだろう。

つまりこの両国の齟齬《そご》の背景にあるのは、「1910年の日韓併合は、武力で不当に侵略された結果であり、歴史的にも国際的にも一切認められない」とする韓国と、「国際条約に基づいてなされたもので、当時、世界各国も承認している」という日本側主張の、180度異なる認識である。実は日韓紛糾のほとんどは、この歴史認識の違いに起因しているのだが、日本は韓国側の主張を、韓国は日本側の言い分を真剣に考慮、議論せず、問答無用で避けてきた。

それはともかく、アメリカを経由して訪日した韓国の尹外相は、にこやかな笑みを浮かべて、今後は両国で協力していくと、カメラの前で岸田外相と握手までしてみせたのだ。日本のメディアは、これで「日韓の緊張が一気に解消に向かう」と期待した。正直に言うと、私自身も「あれ？」と思ったものだ。なにしろ1週間前の「反日行脚」とはあまりにもかけ離れた態度だったからだ。だから「アメリカで日米韓の連携にひびが入らぬよう、強く説得されたのではないか」と思ったほどだ。実際、翌日の日本のメディアは「韓国が日本に歩み寄ってきた」という見解で報じていた。「韓国は対日姿勢を（容日に）方向転換しつつあるのではないか」という希望的観測まで見られたのである。

事実は違った。韓国はドイツまで行って世界遺産登録阻止が不可能と知った後、日本に協力する形で強制労働を認めさせ、強制という言葉を使わせようと方針を変えたのだった。日本外交は、メディアも含めて、あまりにもナイーブであったといえよう。

実際、7月5日の世界遺産委員会の開催が近づくと、韓国の市民団体が各国委員の宿舎でもあるドイツ・ボン市内のホテルで、日本が登録を目指す施設の写真と、ユダヤ人虐殺が行われたアウシュヴィッツの写真を同時展示するなどして、官民あげての「登録反対」の激しい意思表示に出た。

「岸田―尹合意」を土壇場で踏みにじった韓国は、「強制労働を認めるべきだ」として、委員会声明の中に「Forced Labor」（強制労働）というナチスの強制収容所に用いられた概念を表す言葉を盛り込むよう求めたのである。このため協議に時間を要し、登録決定は丸一日ずれ込んだ。もちろん、韓国が推進する「百済の歴史遺産」は、日本が律儀に賛成したこともあり、当日に登録が決定している。そして、日韓の合意は、尹外相が提案したとされる「Forced to Work」（働かせた）という表現に落ち着いた。岸田外相や菅義偉官房長官は、「Forced to Workという表現は強制労働を意味するものではなく、謝罪や補償が生じる性質のものではない」と弁明した。お得意の玉虫色の解釈である。

これには、日本国内からも批判が噴出し、保守論壇からは韓国との国交断絶や、安倍内閣の責任を追及する声が上がった。それでも、岸田外相や菅官房長官の言葉は、海外ではまったくと言っていいほど理解されなかった。例えば米CNNは「(日本の)戦争犯罪である残虐行為が行われた場所が世界遺産になった」と報じ、英テレグラフは「日本の奴隷労働の跡地が世界遺産を獲得」と報じた。日本の外交敗北である。やはり植民地時代の加害—被害という問題を国際社会で争えば、日本に勝ち目はない。

とはいえ、どちらにも肩入れせず客観的に見れば、登録を目指す以上、日本の現実的な選択肢はこれしかなかった。仮に日本が突っ張って韓国の要求を拒んだ場合、日韓を除く19か国の3分の2の得票を、取れなかったはずである。その理由は、19か国の多くは戦後に独立し、植民地から解放された、韓国と同じような歴史的背景を持っている国々が多いことと、ユネスコへの拠出金でアメリカに次ぐ二番目でも、日本の影響力はそれほど大きくないことだ。日本が決選投票に臨んで負けたら、対外的威信は失墜していただろう。

投票の前に、すでに議長国のドイツが日本に対して、このままでいくと、採決を一年棚上げにしなければならなくなる、というやり取りがあったそうだ。翌年に持ち越しになると、残念ながら日本は任期の関係で、登録委員会のメンバーから外れる。韓国は少なくとも2018年までは登録メンバーである。すなわち翌年以降、日本が目指す登録への環境はより厳しくなる。日本は結果として、登録という実を取ることを選んだのだ。韓国は名を取った。韓国のメディアでも外交的勝利という言葉が躍っていた。

私が韓国外相の来日時の経緯を取材したところ、次のようなことがわかった。遺産登録に向けて、日本は百済を、韓国は明治遺産を相互に認めて投票する協力で両国外相が一致して握手した。しかし尹外相の帰国後、当時の杉山晋輔参事官（のち外務事務次官）と、韓国の次官との実務レベルの交渉でこじれた。韓国側は、強制連行という言葉を当然組み入れるだろうと考えていたところ、杉山氏が「申し訳ないが安倍総理の意向でこの四文字は受け入れるわけにはいかない」と言って決裂したという。尹外相からすると、話が違うとの受け止め方で、これに日本も反発した。実務レベルでの詰めが甘かったということだ。

韓国は土壇場でクレームをつけ、こじれてしまった。登録が認められたからよかったものの、もしご破算になってしまっていたら、せっかく日韓外相会談で改善した日本人の対韓国民感情が再び悪化することは、私には十分に予測できた。

そこで、出演したテレビ番組で、「韓国ももう少し柔軟な対応をしたほうがよい」と私は苦言を呈したのだが、すると韓国にいる友人から連絡があり、「日本ではほとんど議論されていないけれども、日本は今回の外交交渉で、韓国に完敗したわけではない」というのだ。

すなわち、日本側の文言には主語がないという。自らの意思に反して連れてきて、労働を強いたのは誰なのかが明示されていないという指摘だった。

韓国側から見れば、当時の政府がやったのだろうと考える。しかし公式文書には主語がないので、連れてきたのは炭鉱主、あるいは民間業者だという解釈もでき、国家賠償や補償は発生しないというのである。

これは柔道でいう寝技で関節をきめられたということ。立ち技では韓国が一本取ったような印象に見えたが、韓国側には今回の外交交渉の結果を振り返って、「日本はしたたかだ」という感想を持った向きもあるという。

私は、国家間の外交には、駆け引きや仕掛け、落とし穴は付き物だと考えている。騙し合いもあって当然と考えている。信義や信頼というものは、別の次元の問題だ。

ただ、今回の韓国が取った手法は、ややあざと過ぎたようにも思う。欧米のメディアはほとんど関心を持たなかったし、観ることもなかったろうが、「岸田―尹のにこやかな握手」は、日本のテレビでは何度も繰り返し流れたのである。したがって、いざ登録という段階で韓国が態度を一変させたのは、日本国民に「酷《ひど》い裏切り行為」と映ったはずだ。このことが私たち在日にとっては、非常に困った結果を生む。「韓国人は平気で嘘をつく」という印象を与えかねない。これは、日本国内に長年かけて築き上げてきた在日と日本人の信頼や友好の実績を根本から揺るがす。韓国政府は、こうした在日の微妙な立場にまったく頓着せず、むしろ後ろ足で砂をかけるような態度に終始し、在日の意見には聞く耳を持たないのである。次章で述べる慰安婦「少女像」問題で、民団の代表が「在日は苦しい立場に置かれている」と語り、訪韓して尹外相に像撤去を求めるという異例の行動に出たが、その切実な思いはよく理解できる。日韓「慰安婦」合意の見直しも、同様の問題を引き起こすだろう。

原爆投下への評価をめぐって

2013年5月20日、韓国の中央日報のキム・ジン論説委員は、自身のコラム「キム・ジンの時視各角」において、「広島と長崎に原爆が投下されたのは神の懲罰であり、日本軍731部隊の生体実験被害者の復讐だった」と書いた。

1945年8月6日の広島では、李朝王家一族の李鍝《りぐう》陸軍中佐が出勤途中に被爆して翌日、死亡した。御附武官であった吉成弘中佐は、本来同行しているところ、たまたまその朝は先に出勤しており、副官としての自責の念に駆られてピストルで自決した。亡くなった翌日、殿下の遺体は特別機でソウルの家族のもとへ送られたが、そういう歴史的事実を、日本人はことさら誇ったりしていない。中央日報の論説委員は、李殿下のような被害者も懲罰と復讐を受けたというのだろうか。

この記事が恥ずかしいのは、広島や長崎で犠牲になったのは日本人だけではないことを顧みない点にある。私の身近にも近親者が被爆で亡くなった人は多い。韓国にも北朝鮮にも広島で被爆にあわれた方が今もいる。それなのに原爆投下を神の懲罰だと言ってしまえば、今、被爆者として補償問題で声をあげている人々はどう思うだろうか。

私は広島の原爆ドームに3回、長崎にも2回訪問したが、あそこへ行けば、こういう記事は書けないはずだ。万が一この論理が許されるなら、北朝鮮の核武装路線も許されかねない。北朝鮮は核保有を宣言し、先制使用はアメリカの専売特許ではないと主張している。北朝鮮はアメリカ、韓国を懲罰するための核兵器であり、核開発だと主張しているからだ。もし、ソウルに核爆弾を落とされても、北朝鮮からすれば懲罰という理屈になる。そういう論調を中央日報自ら認めることになってしまう。日本叩きだから、こんな常軌を逸した主張がまかり通るのだ。韓国人の中には、核廃絶を理想としつつも、北朝鮮の核には、さほど拒否反応を示さない人が多い。その理由は、いつか統一した暁に核保有国になれると考えているのかもしれない。その目的は、仮想敵国・日本に対抗することである。北朝鮮も最近、保有する核は民族の宝だと言い始めた。しかし私たち在日はどうなるのか。日本に暮らす60万人の在日も懲罰の犠牲になれというのだろうか。とんでもないことである。中央日報という三大紙の一角、日本でいえば朝毎読にあたる保守的な新聞で、こういうとんでもない論調がまだまかり通るのには驚く。

私が承知している限り、韓国は毎年8月の広島、長崎の原爆慰霊祭に政府代表を出席させていない。2015年に広島で行われた70周年の追悼行事にも、柳興洙《ユフンス》駐日大使は欠席した。前日の民団主催の朝鮮人の原爆慰霊祭には出席していたことからも、〝原爆投下については日本でなく、投下したアメリカに歩調を合わせる〟という韓国政府の本音は一貫している。

手前勝手なナショナリズム

対日政策のみならず、対中外交においても韓国には支離滅裂な論理が散見される。

韓国人の中国に対する不満として、時の王朝が大陸から次々に侵略され、滅亡させられたという歴史的なプライドに大きな影をもたらしている。例えば李氏朝鮮の約500年間、中国に服属していたことは、民族的プライドに大きな影をもたらしている。1300キロも国境が接している朝鮮半島の反中感情は、やはり日本人とは質が違っていて、韓国人のほうが根深い。

たとえば高句麗を中国の一地方であったとする、共産党政府の承認を受けた中国の学会による古代史の見解がある。これについては竹島の歴史的帰属問題と同様の激しい論争を韓国が行うべきだが、これまでのところ自制している。その理由は、北朝鮮が言い出さないからである。

高句麗といえば今の北朝鮮と満州一帯だから、事実上、韓国の領土ではない。韓国からすれば、北朝鮮の存在によって国内が分断されて、中国との陸の国境を北朝鮮に支配されている状況では、今は持ち出せないが、統一した暁に、旧高句麗の版図を奪回しようと考えている。だからこそ中国は、朝鮮半島統一を恐れているのだという自意識過剰な見方も、韓国国内の一部にある。

高句麗問題の縮小版が、白頭山の呼称問題である。北朝鮮と中国の国境の真ん中にそびえている山だ。北の国民が真っ先に覚える、金日成将軍の歌の冒頭に「長白山　脈々と」という歌詞がある。「長白山」というのは中国の呼称であり、なぜ「白頭山」に歌詞を変えないのかと前々から不思議に思っていた。金日成が当時、中国のパルチザンの一員として、長白山を使っていたのだろうから、竹島を独島と呼称するように、中国側が長白山と呼ぶのはいたしかたない。

しかし韓国人は、「白頭山は我々のもの」と思っているので、中国人が長白山と呼び、中国の山のように考えているのが腹立たしいわけである。韓国人が北朝鮮を経由して白頭山に登ることはずっと不可能だったが、ようやく1992年に中国と国交を結ぶと、真っ先に登った。なぜ白頭山かというと、富士山が日本の象徴というのと同じで、韓国人にとって白頭山は、民族の魂が生まれた聖なる山だからである。「白頭山を見ずには死ねない」という韓国のことわざがあるほど、行きたくても行けなかったのが、中国経由で行けるようになると、韓国人は韓国国旗を山頂に立てたのだった。中国当局は驚いて国旗を撤去し、韓国人観光客との間でいざこざが起きた。実際に国境を接している北朝鮮の旗ならまだしも、韓国の旗を立てたことに驚いたというが、それだけ北朝鮮よりも韓国のほうが、実は高句麗問題も白頭山にもこだわっているのである。それなのに、韓国が表立って中国と議論できないのは、経済事情が許さないからだ。

朴槿恵政権の外交政策の最大の特徴である、中国への接近の問題は、実はこの白頭山の問題と似た構図がある。私はこれについてもずいぶん前、盧泰愚政権時代から繰り返し指摘してきた。盧泰愚は「韓国がアメリカと中国のバランサーになる」との趣旨の発言をしたからである。

韓国と中国との間には、日韓以上の歴史的な感情的わだかまりがある。高句麗の帰属のみならず、例えば朝鮮戦争の被害の謝罪や、今なお北朝鮮が攻撃された場合、中国が軍事介入することを担保した中朝友好相互援助条約を解消していないことが象徴的だ。多くの不満を持ちながらも、棚上げにしたまま、とにかく経済面だけを優先させ、食べていくため、豊かになるためには中国との関係を深め、貿易を増やすしかない傾向は、朴槿恵政権になって、さらに強まっていった。

韓国国内では、時の流れだから仕方ないとか、国際情勢を見れば当たり前だと言われるが、私はそうは思わない。中国では、よく古い友人を指して「井戸を掘った人」という。韓国から見れば、二国間関係の井戸を掘った古い友人は日本にほかならず、中国は新しい友人のはずだ。それなのに、古い友人である日本を蹴飛ばして中国にすり寄る韓国人の姿は、日本の嫌韓・反韓感情の一因になっており、私は、やってはならないこと、掟破りだと考える。古い友人を大事にしながら、新しい友人を作っていくならいい。しかし朴政権は、古い友人を切り捨てるような形で、新しい友人と手を握った。

要するに、北朝鮮と中国の間に韓国が割って入ろうとしたわけだ。朝鮮半島を扇にたとえれば、地理的には確かに大陸勢力と海洋勢力の真ん中の朝鮮半島は、要《かなめ》の位置となる。地政学的にそう言えばそうかもしれないが、しかし国力の指標、経済力や軍事力、どれを取っても、私は要というにはまだまだ力不足だと思っている。

韓国政府のバランサー願望は、ひとことで言って非現実的である。なぜなら、日本も中国も、米国も、北朝鮮も、すなわち周辺国のどの国も韓国がバランサーになることを望んでいないからだ。私は過去、ただの一度も、日本が韓国に対して、中国との仲介役をお願いしたとか、中国が韓国に日本との仲介役を頼んだという話を聞いたことがない。日本が核やミサイル、拉致問題で中国に頼んで北朝鮮に働きかけることはある。しかし中国に韓国を通して働きかけることはない。結局、韓国の身の丈に合わない虚勢のように思われて仕方ない。

2008年の韓国通貨危機後に結ばれていた日本との通貨スワップ協定が2015年2月に終了すると、韓国政府は人民元流動性供給制度という二国間通貨スワップ制度を作った。

同時期に、中国経済の急な減速が明らかになってきた中、私たちが心配しているのは、人民元を韓国が支えようとしても、共倒れになってしまわないかということだ。2000年以降の韓国の経済成長の一因は、中国の経済成長と連動してきたのは確かだが、中国経済が悪化したら、今度は韓国経済が中国と心中しかねない勢いだ。

真のバランサー国家なら、中国とも日本とも慎重につき合い、一定の距離を置くのが本来あるべき姿だが、そうはならずに中国ベッタリというのが、2015年3月のアジアインフラ投資銀行（AIIB）の加盟表明にも、同年8月に北京で開かれた「抗日戦争勝利・世界ファシズム戦争勝利70周年記念式典」の軍事パレード参加にも、顕著に表れていた。

韓国はかつて金日成に、次のように揶揄《やゆ》されたことがあった。「韓国という国は2本のヒモで支えられている。1本はアメリカ、1本は日本。2本で支えている冠《かんむり》のようなものだ」。韓国人は怒るけれども、金日成の見方には一理あると思う。つまり、どちらか1本が折れると冠は落ちる。韓国は朝鮮戦争後一にも二にもアメリカと日本によって経済的に支えられてきた。しかし、その両国と距離を置き、中国に一方的になびいていった。その手のひら返しには危険性を感じざるを得ない。

朴槿恵前大統領が中国語ペラペラの親中派だから、という人もいるが、それは単純な見方だ。日本との関係がうまくいかなくなったから、中国に近づくことで、日本をけん制することに主眼を置いているだけの話だ。あくまでも「戦略」として考えているのだ。

同じように日本とロシアが競っている北方領土問題で、日本が手を出せない最中に、韓国の企業は次々と北方領土に進出し、埠頭《ふとう》工事を受注したり、水産関連の工場を作ったりしている。私はあるまじき行為だと、強く反対してきた。韓国人は、もし領土問題が解決して、日本企業が北方領土に入るようになれば、もう手遅れだから、日本企業が出てこられない今がチャンスだと考え、進出しているつもりなのである、私は常々、隣人が嫌がることは控えるべしと考え、韓国政府はこうした企業進出を規制すべきだと主張している。あえて黙認していることに、単なるソロバン勘定だけではなく、日本を外交的にけん制しようとする意図が感じられる。頭の痛いことである。

同じく、伊藤博文を暗殺した安重根の銅像が中国黒龍江省のハルビン駅に建立され、「安重根義士記念館」が2014年1月に開館したことにも反対である。当初は石碑とされていたが、いつの間にか銅像になっていた。2013年6月に訪中した朴槿恵前大統領が習近平主席に石碑の建立を要請してから、わずか半年での完成である。日本政府が不快感を示し、反対したにもかかわらずである。安重根は北朝鮮の黄海道海州の出身であり、そこに建てるべき施設だ。

わざわざ中国に建てるのは、韓国と一緒に日本にプレッシャーをかけようという政治的な思惑の産物だ。隣国がいやがること、不快感を持つようなことをあえてやる。嫌がらせにしか見えないのも当然だ。建設前に話し合いで折り合えなかったことが残念でならない。

意図しなくても、結果として、日本の対外イメージを著しく損なってしまった。日本でいう「後の祭り」である。こうしてお互いの信頼関係を毀損することによって、今後も両国関係が悪化するのは間違いない。韓国外交はどこかが狂っている。

対中関係と対日関係を比較してみると、韓国外交の弱点が浮き彫りになる。韓国人は二者択一をはっきりするのを好む。ところが安全保障はアメリカ、経済は中国で成り立っている矛盾を解決できないことが、韓国の現在のジレンマとなっている。

私は韓国に、歴史認識の問題、特に慰安婦問題で騒ぎ立てるのは、もうそろそろ終わりにしたらどうかと言いたい。その根拠は、中国との間で、歴史の問題をほとんど持ち出していない点にある。それもこれも国益を最優先にしているからだ。

東シナ海、中韓の中間線に位置する離於島《イオド》の帰属や、高句麗も中国の一部だと言われたことに対して、韓国政府は結局、議論にフタをして黙ってしまった。

朝鮮戦争についても、中国が人民義勇軍と称して参戦したために、統一が実現できず、38度線まで押し返されて、今の分断を強いられているというのが韓国側の考えだ。これは過去の問題ではなく、今なお分断の苦痛を強いられているという、現在進行形の問題だ。

ところが中韓国交正常化の交渉時に、このことを正面から問題にしなかった。謝罪を求める議論すら起きなかった。韓国の立場からすれば、中国軍の参戦によって戦争が3年も長引き、数百万人が命を落とし、1千万人の離散家族が生まれ、祖国が二つに分断されたのに、謝罪も賠償も求めない。中国がこの件で謝罪したという話も聞いたことはない。これは65年前の話であり、日韓の歴史認識の問題は100年前の問題なのである。私は、ちょっと待ってくれと言いたい。100年前の謝罪と賠償にこれほどこだわるのに、65年前の犠牲についてはなぜ黙るのかと。まして、サッカーでの中韓戦で中国に反省を求める横断幕が登場したこともない。

私に言わせれば、韓国の日本批判は正論ではなく、ソロバン勘定の結果に過ぎない。中国に対しては一切もの申さず、日本はどこまでも追及するダブルスタンダードによって、自らそのことを示してしまっているのだ。

ご都合主義的なナショナリズムは、外交のみならず、内政にも失敗をもたらしている。代表的なものとして、ハングル一辺倒がもたらす文化的問題をあげておきたい。

私がちょうど韓国に入国し始めた頃、当時は金泳三政権になった93年から、韓国のあらゆる看板や新聞、テレビから、漢字が一斉に消えていったのを目撃した。金泳三は「いかなる同盟国も、民族に勝ることはできない」と述べ、金日成と南北初の首脳会談をやろうとアプローチし始めた。自称・民族主義者の金泳三が、軍人政権の盧泰愚と決別して、92年に「文民政権」を作ると、ナショナリズムを前面に押し出すようになる。ここから「日本の悪いクセを今度こそ直したい」という文句を吐いて、日韓関係が急激に悪化したことはすでに書いたが、脱日本と北に接近するナショナリズムの道具として漢字廃止が進められたのだ。簡単な話が、北朝鮮が先に漢字を使わないようになっていたからである。

余談だが、北朝鮮は名前にも漢字を使わなくなっているから、基本的には報道する我々の側が当て字をしている。例えばキム・ジョンウンが金正日の後継者となった時、毎日新聞はしばらく金正「雲」と表記していた。確かに読みだけなら「雲」の字もあてはまるが、それはあり得ないと考えた私は、恩恵の「恩」をあてた。とにかく北朝鮮は人民に施してあげる、恩恵を与えるということを重視するから、「恩」ではないかと考えたのだが、最終的に、私のほうが正解だったという体験がある。

日本だけでなく中国も漢字で人名を表記するから、中国当局者が北朝鮮に、「ジョンウン」を漢字でどう書くか聞いたところ、「そこまで考えていなかった」と答えたという笑い話がある。金正日が「ジョンウン」と名付けた時代には、すでに漢字を使っていなかったのだ。日本人はなかなか気がつかないが、北朝鮮はハングル一辺倒になって漢字を使わない。

そんな北朝鮮をまねて、ハングルで南北統一しようと、韓国から漢字が消えていった。ハングルは韓国人が作ったものであり、李氏朝鮮四代国王の世宗が、障子の「さん（桟）」を見て編み出したという由来があるぐらい、民族のシンボルと考えられている。

それはいいが、皮肉なことに、その韓国が漢字使用国の中国に接近し、経済的に緊密な関係を築こうとしている。今や中国が一番のお得意様で、今後もアジアの華僑を含めて、経済関係を強めていくと言いながら、漢字を追放している弊害が出ている。

もうひとつ、漢字を追放したことで、韓国人自身が過去の史料や書籍を読めなくなり、自国の歴史研究に悪影響が出ている。極端なナショナリズムに走った弊害であり、私は、漢字交じり文を復活させ、積極的に漢字を取り入れてもいいのではないかと考えている。

おもしろいことに、韓国の新聞が日本語を使用した最近の例がある。2011年3月11日の東日本大震災の翌日のことだ。東亜日報が「がんばれ、日本！」、ソウル新聞が「深い哀悼の意を表します」という見出しを一面に掲載したのである。韓国の新聞が日本語を見出しに使ったのはきわめて異例のことだが、日本人へのシンパシー、連帯を示すためだと説明されていた。

しかし、両新聞を実際に購読する読者は韓国人であって、日本人はほとんどいない。韓国の新聞に日本語の見出しを掲載したからといって、一体どんな意味があるのか、日本の新聞に応援のメッセージを意見広告として載せるのとは訳が違う。東亜日報は三大紙の一角、ソウル新聞は日本でいえば東京新聞のような地域紙で、かつては政府系の新聞だった。裏を返せば、いかに漢字を紙面から排除して、使わないようにしているか、ハングル一辺倒も政治的な便宜主義に過ぎないことが、よくわかる出来事であった。そうやって漢字を用いることができるなら、ハングルにこだわりすぎる必要はない。以前のように、新聞はハングルと漢字交じり文を使ってもいいと思う。

余談だが、日本人がプロゴルフを見ていて、漢字で名前が出ている韓国人ゴルファーと、カタカナ表記の人がいるのはなぜか、疑問に感じるだろう。漢字だと日本読みされる。例えば私なら「なべしんいち」になるから、そう読まれたくない人が、カタカナで届けているわけだ。私は「リ・マサミ」ではなく「イ・ジョンミ」だと訂正することに、それほどこだわらない人は、日本人と同じように、そのまま漢字表記で届けている。カタカナで届けている人は、民族意識が強い。漢字で書いてある人は融和的であることがわかる。

日本の新聞やテレビは韓国人を「パク・クネ」と呼ぶが、毛沢東を「マオ・トゥトン」とは言わない。中国人には難読名が多いという事情もあるが、私から見れば、日本のメディアは韓国・北朝鮮に気を使いすぎていると思う。北朝鮮ですら毛沢東のことを「モウ・テットン」と朝鮮式で呼んでいる。「マオ・トゥトン」と言わないからといって、中国が北朝鮮に抗議したなどという話は聞かない。

いつからかは知らないが、韓国人の固有名詞に韓国風のルビを振り、発音するのは、日本のメディアの意識過剰だったのではないかと考える。日本のメディアは主体性を持って漢字だけにするのか、それとも朝鮮式にカタカナでいくのか、いずれは一本化したほうがよいと思う。

第五章

韓国外交はなぜ裏切るのか

朴大統領とは何だったのか

２０１６年12月、朴槿恵前大統領の弾劾《だんがい》訴追案が韓国国会で可決され、大統領の職務を停止された。弾劾成立のボーダーラインである3分の2（２００人）を大幅に上回る約4分の3（２３４人）の議員が賛成票を投じた結果、朴槿恵は韓国憲政史上二人目となる弾劾大統領の汚名を着せられることになった。そして２０１７年3月10日、憲法裁判所によって罷免《ひめん》された。裁判官8人全員が一致して、朴大統領に〝クビ〟を宣告したのだ。朴大統領は憲政史上、韓国初の罷免された大統領として歴史にその名を刻むこととなった。

私は『大統領を殺す国　韓国』（角川新書）という本を書いて、前任の大統領が後任の大統領によって裁かれる構図を指摘したが、今回、国会議員を弾劾に動かしたのは国民である。2万人からスタートした国民デモが20万、そして１００万、１９０万人と膨れ上がったことで事態が急変し、野党は弾劾へと舵《かじ》を切り、与党の非主流派が同調したことで弾劾が可決された。韓国国内では「国民が勝利した」とか「市民革命の勝利」などと言われる。

韓国政局の今後を占う意味でも、朴大統領とは何だったのかを考えてみたい。

よく韓国で「準備された大統領」という言葉が使われる。立候補者を肯定的な意味で評価する言い方だが、その正反対の言葉として、「生まれてはならない大統領」という表現もある。

たとえば、韓国と北朝鮮はお互いを「生まれてはならない国」などと言う。存在してはならない、あってはならないという意味である。私は結果的に、朴槿恵前大統領は、準備された大統領だったとは言えず、やはり未熟だったと思う。これまでの大統領には、就任するにあたり、良くも悪くもそれなりの因縁や必然性があり、継承すべき歴史的流れや文脈があった。

アメリカによって据えられた初代大統領の李承晩政権は、１９６０年、結果的にいえば学生の革命によって倒された。１９６０年当時の韓国の学生は、「行こう北へ」をスローガンに、38度線を自分たちで越えようと運動していた。これを見たアメリカは、韓国が共産化する恐れがあると考え、結果的に１９６１年、朴正熙の軍事クーデターを黙認したのである。その意味で、朴政権の誕生には必然性があり、朴正熙は17年近く大統領の座にとどまり続けた結果、１９７９年、釜山などで大規模なデモが起こる中、側近の金載圭《キムジェギュ》ＫＣ

IA部長に殺された。

軍事独裁政権から解放され、民主化ムードに酔った国民は、朴正熙暗殺から翌80年5月の非常戒厳令拡大までの一時期を「ソウルの春」と歓迎し、政党政治家である「3人の金」を有力視した。金大中、金泳三、それから金鍾泌である。

1980年に、「3人の金」が大統領選挙を争う事態をもっとも危惧したのは、私はアメリカだと思う。もしこの3人の中から大統領が誕生すれば、一気に急激な民主化が果たされる。北朝鮮は必ずそこにつけこんでくるだろう。とりわけ北朝鮮に融和的な金大中が大統領に当選すれば大変なことになると受けとめられていた。当時、「3人の金」の争いで最有力だったのは、明らかに金大中であった。

金大中は、金日成の唱える連邦制度に共鳴し、あるいは韓国の強権的な国家保安法を廃止して、北朝鮮と手を握ろうとしていた。北朝鮮にも金大中待望論があったのだ。

戦後の韓国の建国から、アメリカの極東政策は、朝鮮半島の共産化をなんとしても防ぐという方針で一貫しており、結局、親米の全斗煥将軍が再度軍事クーデターを起こして、80年に政権を掌握してしまう。反発するデモ隊によって光州事件が起きたが、これを徹底弾圧した全斗煥は8年間、政権の座にあった。

1987年になると再び「6月民主抗争」という大きな民主化デモが起きたのである。100万人規模のデモで全斗煥軍事政権を追い込んだ民主化デモは、政権の平和的交代と、大統領を直接選挙する改憲の実現など、一連の民主化措置を約束した「6・29宣言」を全政権に呑ませることに成功した。

しかし直後の大統領選挙では、金大中と金泳三の一本化に失敗して共倒れとなり、全斗煥大統領から後継者に指名された与党の盧泰愚候補に漁夫の利を与えてしまった。アメリカの意図として、全斗煥の次は同じ軍人の盧泰愚に継承させてソウルオリンピックを仕切らせ、ソフトランディングを図ったわけである。

盧泰愚政権の時に、韓国憲法の規定で大統領職の1期5年、再選禁止が決まった。5年目の任期を迎えて盧大統領は退任しなければならない。そこでどうしたか。盧泰愚の次に、三代続けて軍人に継承させるのは不可能だった。与党には後釜がいない。そこで野党政治家だった金泳三が与党に寝返って盧泰愚らと組み、金大中政権の誕生を阻止したわけだ。金泳三は金大中政権誕生をつぶすという意味で「準備された大統領」だったのである。

初の文民政権となった金泳三は、金大中、盧武鉉にいたる野党左派政治家の大統領誕生に備える、一種のクッションになった。金泳三の後、金大中、盧武鉉と、韓国政治はより左へ、北朝鮮寄りへ傾いていく。その反動として、保守系の李明博が出てきたのである。盧武鉉の時に初めて、軍人や政党人でなく、庶民出身の弁護士が大統領になった。ここにも民主化以来の歴史の流れの必然性があった。

李明博についても、現代建設社長という経済界からの転身組であり、経営を知る「経済大統領」の韓国経済立て直しが叫ばれたのは、国民的ニーズにも、就任した2008年に起きたリーマン・ショックという外的条件にもかなっていた。

だから李明博までは、大統領になる必然的な流れが十分あったのだが、次の朴槿恵には、そういう意味での歴史的正統性、「準備された大統領」だと合理的に説明できる自然な成り行きが、私には感じられなかった。

それには理由がある。韓国のように封建的、儒教的な色彩がまだ色濃く残っている社会では、初の女性大統領は時期尚早だった。もう一つ、彼女は親の七光りで、少なくとも与党の代表になった。実際、彼女は「韓国のジャンヌ・ダルク」というニックネームを持っていたほど逆境での選挙に強かったので、与党内で推されたわけだが、それは野党に勝てる候補としてであり、政治家として有能だからではなかった。

大統領選でも、当初の予想では不利だった。対立候補である、盧武鉉大統領の秘書出身の文在寅が、今一つパッとしなかったのが幸いした。親の七光りのネームバリューで、朴槿恵のほうが上回っていたのだ。得票率を見れば、若者が野党の文在寅、高齢者が与党セヌリ党の朴槿恵を支持していたことがわかる。韓国では若者と高齢者の投票率のわずかな差で大統領が決まる。2012年の大統領選では、朴槿恵の支持基盤である60代、70代の高齢者の投票率が90％だったのに比して20代は65％、30代は72％に留まった。彼女が3・6％（108万票）差で勝てたのはお年寄りが投票所に行ったからに他ならない。

このように、彼女はあくまでも政権を野党に渡したくないために担がれた人物で、政治家としての資質、指導力や統率力が評価されたのではなかった。フタを開けてみると、朴槿恵は就任後、「準備されていた大統領」ではなかったことが、韓国国民にわかってしまったのである。明らかに能力不足で、大統領としての資質も不足していた。特に強力なリーダーシップを欠くのが最大の不幸で、「生まれてはならない大統領」だったことがセウォル号沈没事件の対応で判明してしまった。

韓国人は良くも悪くも、強力なリーダーシップがなければ政治家を支持しない国民性をもつ。日本人との大きな違いの一つだが、自己中心的な韓国人は普段、バラバラで統率がとれないので、これをまとめるには、独裁的なカリスマ性とリーダーシップがないといけない。つまり独裁的でないと指導者にはなれない。この意味で、むしろ北朝鮮の体制のほうが、悪く言えば民族としての伝統的な流れを汲んでいるといえなくもない。

ところが朴槿恵前大統領の場合は、独裁者としても中途半端だから、任期途中で辞任を余儀なくされる事態に立ち至ったわけである。

朴槿恵退陣の理由

朴槿恵政権は日韓関係が悪化していた2015年まで、日本から「告げ口外交」と批判されていたが、2016年の韓国では一転、40年来の友人である崔順実《チェスンシル》容疑者に操られた「お告げ外交」をしていたと批判され、これが政権の命取りとなった。

検察による崔順実容疑者や千皓宣《チョンホソン》容疑者（前青瓦台行政秘書官）らへの取り調べの結果、朴槿恵が大統領に就任（2013年2月25日）する直前の2013年1月から16年4月まで、計45件の大統領機密文書を崔容疑者に渡し、アドバイスを受けていたことがわかった。その中には中国の習近平主席との首脳会談やNATO事務総長や米国務長官、国連事務総長らとの会談や通話資料まで含まれていた。

崔順実容疑者は、朴前大統領が信頼を寄せていた新興宗教団体「永生会」の教祖である崔太敏《チェテミン》氏の娘である。「朴槿恵は崔太敏に精神的に捕虜となっていた」との全斗煥政権下の許和平大統領首席秘書官の証言があるように、崔太敏氏が1994年に亡くなるまでの20年間、マインドコントロールされていたと言われる。父親から後継者に指名された崔順実容疑者も父親の霊的能力を受け継ぎ、予知能力があるとされ、朴槿恵はそれにすがっていたとも批判されている。

韓国野党第一党の「共に民主党」の秋美愛《チュミエ》代表は「恐ろしい神政政治である。自分が任命状を渡した公務員や長官らとは対話せず、唯一、崔順実と心霊対話をやった大統領である」と酷評したが、朴大統領は数多くの外交懸案や課題を、崔容疑者の指南や予言に従って処理したのではないかとの疑惑が持たれている。指摘される疑惑の幾つかを具体的に挙げよう。

①額賀《ぬかが》元財務相との会談

大統領就任直前の2013年1月4日、安倍晋三首相の特使、額賀福志郎氏が訪韓し、朴大統領と会談したが、崔順実容疑者は、島根県の「竹島の日」（2月22日）に関連する式典を政府レベルで実施しない方向だと言われた場合には具体的な評価を避け「ほほ笑みで返す」よう対応を指示していた。

また、従軍慰安婦問題に関しても「日本が先に言及する可能性は低い」と予想した上で、朴氏に対し「個別の問題を議論するより、『歴史に対する日本側の正しい認識が両国関係発展の基本になる』と答えるべき」などと指示していた。京都の老舗、船場《せんば》吉兆のおかみが記者会見で横にいる息子に「大きな声で言いなさい」とか「頭が真っ白だったと言いなさい」とささやいていたことを思い出さずにはいられなかった。

② 北朝鮮に対する強硬発言も

2016年に入り、朴大統領は北朝鮮について「自滅する」（3月15日）とか、「体制が大きく揺らいでいる」（8月22日）とか、「金正恩の精神状態は統制不能である」（9月9日）とこれまでの大統領が誰も口にしなかったような、過激な言葉を連発したばかりでなく、10月1日には「北朝鮮の住民のみなさん、いつでも大韓民国の自由な懐に来ることを望みます」と、金正恩体制を見限り、脱北を促すような挑戦的な言動を繰り返していた。

この件について「共に民主党」の禹相虎《ウサンホ》院内代表は「崔順実は『2年以内に北朝鮮は崩壊する』と言いまわっていた。呪術的予言者であることが間違いない崔の予言に従って対北強硬政策を取っているのか、朴大統領は説明しなければならない」と問題にしていた。

③開城工業団地閉鎖も

開城工業団地の閉鎖は、朴大統領が2月7日に主宰した国家安全保障会議では議論されなかった。ところが、3日後の国家安保会議で突如決定した。主管部署の統一部は「賃金と核ミサイル開発は別物」と主張し、閉鎖ではなく一時中断とすべきと提案していたが黙殺された。第二野党の鄭東泳《チョンドンヨン》議員は2月8〜9日の間に崔のアドバイスがあった可能性を指摘した。2014年の新年辞で朴大統領は初めて「統一大ばくち」というおかしな言葉を唐突に口にしたが、これも崔容疑者のお告げによるものとささやかれている。

④拡声器放送の再開決断も

北朝鮮向け心理作戦の一環である拡声器放送の再開について、2016年1月7日に開かれた国会国防委員会で韓民求《ハンミング》国防部長官は「政府の総合的な対策が出た後で決定する事柄」と答えていたが、数時間後に国家安全保障会議が開かれ、大統領の決断で再開が決定してしまった。慎重論をとる国防部の意見が反映されなかったことから、これも崔容疑者の「予言」によるものではないかと疑われている。

⑤高高度ミサイル防衛システム（THAAD）の配備場所変更も

THAADの配備場所は、当初は慶尚北道の星州郡の砲兵部隊の敷地内と決まっていた。国防部が「これ以上ない最適の場所」と苦労の末、選定したのに、大統領の「鶴の一声」で同じ星州郡にあるロッテが経営するゴルフ場に変更された。この変更にも崔順実が関与したのではないかと疑われている。

朴槿恵の父親の朴正熙元大統領も、占いに凝っていたことで知られている。朴正熙元大統領は1972年10月17日に大統領の任期を6年に延長するなどの憲法改正を行ったが、当時、易術に長《た》けた中央情報部（KCIA）の企画室長を通じて、有名な某占い師から「10月17日に維新を断行せよ」との「お告げ」をもらい、その日の夜7時に全国に戒厳令を宣布し、国会を解散し、政治活動を停止させる超法規的な措置を取り、憲法を改正させている。

朴正熙元大統領は1961年5月16日の軍事クーデターの決行をはじめ、重大な決断をする際には必ずと言っていいほど占いに頼っていたが、どういうわけか、肝心な時に占いに従わなかったため、暗殺という悲惨な結果を招いたとも言われる。朴大統領は1979年10月26日の夜、側近の金KCIA部長に暗殺されたが、その数日前に当時の与党（共和党）の事務総長が全羅南道・光州在住の占い師から「朴大統領の身の上に何か不吉な掛《け》が出ているので、私が行くまで当分の間ソウルを離れないよう」と人を介して伝言を受け取っていた。

ところが、それが朴大統領に行き届かず、10月26日にソウルを離れ、忠清南道の防潮堤起工式に出席した。そして、その夜、ＫＣＩＡの安家（安全の家＝アジト）での酒席の場で暗殺されてしまったという。

朴槿恵の占い師である崔順実容疑者は今、拘置所の中だ。果たして、崔容疑者は朴槿恵の将来をどう占っているのだろうか。

朴大統領はなぜ安倍首相に「根負け」したのか

２０１５年6月22日、日韓条約50周年にあたり、日韓は激しい綱引きをくりひろげ、結果として安倍総理に軍配が上がった。これ以後、朴政権の日韓外交は日本側のペースで進むことになった。

日韓国交樹立の日、それも50年目の節目。夫婦にたとえれば、記念すべき結婚記念日だろう。疎遠な関係のまま、この日を迎えるのではと危惧されていたが、土壇場で韓国の外相が電撃的に来日し、日韓外相会談が実現した。そして、両国の大使館で行われるレセプションや式典に安倍総理、朴大統領がそれぞれ出席し、エールを交換することになった。朴大統領が駐韓日本大使館主催の記念行事に出席したのは、安倍総理が駐韓日本大使館主催のレセプションに出席したからである。

錆びついていた歯車が回転し、日韓関係が修復に向けて動き出したのは、誰もが歓迎するところだ。急転直下、関係が好転した背景に、両国とも関係改善しなければならない理由があったことは言うまでもない。韓国同様に米国からの圧力もあった。それでも、朴槿恵にどんな「心境の変化」があったのか。

安倍政権にそっぽを向いていた朴槿恵の心境の変化は、安倍晋三総理と習近平主席による初の日中首脳会談が、２０１４年11月10日に約25分という短時間ながら、ＡＰＥＣ（アジア太平洋経済協力会議）が開催された北京で実現したことが契機であった。

歴史問題などで対日共同歩調をとってきた中国が一足先に日中会談に応じたことに焦ったのか、あるいは疎外感を感じたのか、日韓首脳会談を拒み続けてきた朴槿恵はＡＰＥＣ総会後にミャンマーで開かれたＡＳＥＡＮ（東南アジア諸国連合）と日中韓の首脳会議の場で「遠くない将来に日中韓外相会談が開かれ、これをもとに3か国の首脳会談も開催できることを希望する」と、中国を挟みながらではあるが、安倍総理との会談に前向きな発言をした。従来「慰安婦問題で誠意を示さなければ会わない」としていた強硬姿勢からすれば、明らかな方針転換だった。

しかも懸案だった安倍首相の戦後70年談話で、前述したように「植民地支配から永遠に訣別」「我が国は先の大戦での行いについて、繰り返し痛切な反省と心からのおわびの気持ちを表明してきた」と歴代内閣の談話を継承し、「植民地支配」「侵略」「痛切な反省」「おわび」という村山談話の四つのキーワードを入れた。むろん韓国側はこれに満足せず、批判的だったが、日本側のメッセージは明らかだった。

追い込まれた韓国は、2015年11月2日、両国とも、新政権下で初めて開かれた日韓首脳会談に応じた。共同声明も共同記者会見も用意されなかったし、安倍総理の訪問は実務訪問であったことから公式訪問の中国の李克強首相より格下げ、冷遇されたものの、それでも韓国の「開かずの門」をこじ開けたという点では安倍総理の「粘り勝ち」、朴槿恵前大統領の「根負け」だった感は否めない。日韓外交戦を合戦にたとえれば、外堀を埋められたことになる。

というのも、かつて朴槿恵は２０１３年11月の英ＢＢＣとのインタビューで「元慰安婦などの問題が解決しない状態では、首脳会談はしない方がましだ」と息巻いていた。また同年12月には訪韓したバイデン米副大統領に対して「もし安倍首相と会談して結果を出せなかったら、状況は今よりもっと悪くなる」と慰安婦問題が解決されない限り安倍総理と会談する意思がないことを鮮明にしていた。

さらに朴前大統領は２０１４年10月に訪韓した日韓議員連盟の額賀福志郎会長との会談で「過去に首脳会談を行った後、むしろ関係が後退した経験を教訓とし、十分な準備をして会談を成功させるような真摯《しんし》な努力が優先されるべきだ」と述べた上で「従軍慰安婦の問題で日本が誠意を示し、環境を整えることが重要」であると強調し、「前提条件を付けるべきではない」とする安倍総理の無条件開催を拒否していた。

彼女のスタンスは２０１５年に入っても変わることなく、１月中旬に来日した徐清源・韓日議員連盟会長は安倍総理に「日本がまず元慰安婦の女性の名誉を回復するのに最善の努力を尽くしてもらいたい」と要望し、朴槿恵自身も２月13日に訪韓した自民党の二階俊博総務会長（当時）一行に「元慰安婦の名誉回復を図る納得できる措置が早期に取られなければならない」と再三にわたって日本側に注文を付けていた。

これに対して安倍総理は慰安婦問題については「筆舌に尽くしがたい辛い思いをされた方々のことを思い、非常に心が痛む」と同情の念を示しながらも、この問題は1965年の日韓条約（請求権協定）で解決されたとの認識に立ち「政治問題化、外交問題化すべきではない」と朴政権にくぎを刺してきた。韓国の「前提条件つき対話」についても「課題があれば、まず会って話をすべき」と、「無条件対話」を譲らなかった。

安倍総理よりも二つ年上の朴槿恵は原則の人と言われている。一方の安倍総理も信念を曲げない人との見方がある。「原則」と「信念」の意地のぶつかり合いで、どちらも先に折れるような状況になかった。朴大統領が「鳴かないなら、鳴かせてみよう」の立場なら、安倍総理はさしずめ「鳴くまで待とう」の立場だった。ところが、結果は、朴前大統領が折れる形となった。

その理由については歴史問題などで対日共同歩調をとってきた中国が、一足先に日中首脳会談に応じたことへの焦りや、日本の投資の鈍化や貿易の停滞、観光客の大幅な減少など経済的な側面、それに北朝鮮の核問題をめぐる安全保障上の理由が挙げられるが、何よりも「日韓関係緊張は負債」（ラッセル米国務次官補）と日米韓の協調体制を急ぐ米国からのプレッシャーを無視することができなかったということだろう。

2015年末には、前述した名誉毀損で在宅起訴された産経新聞の加藤達也前ソウル支局長の無罪判決、韓国憲法裁判所による1965年の日韓請求権協定は違憲とする審判請求の棄却が相次いだことで、朴政権は内堀も埋められた形となった。

最終的な帰結が、2015年12月「慰安婦問題の最終的かつ不可逆的な解決」の合意である。同月28日、岸田文雄外相と尹炳世外相の会談後に開かれた共同記者発表で、日本側は「当時の軍の関与のもとに多数の女性の名誉と尊厳を深く傷つけた問題であり、日本政府は責任を痛感している」「安倍晋三首相は日本国の首相として、改めて慰安婦としてあまたの苦痛を経験され心身にわたり癒やしがたい傷を負われたすべての方々に心からおわびと反省の気持ちを表明する」と表明、韓国側もこれを受け入れ、「交渉にピリオドを打ち、この場で交渉の妥結宣言ができることを大変うれしく思う」と述べ、韓国政府が設立する、元慰安婦を支援するための財団(「和解・癒やし財団」)に日本政府が10億円を拠出し、さらに日韓両政府が今後「国連および国際社会で互いに非難、批判することを控える」申し合わせをしたと述べた。

ポイントは、慰安婦問題での日本政府に対する法的責任の追及を、韓国政府が事実上放棄したことにある。日本政府は「完全かつ最終的に解決済み」という立場を譲らず、韓国側が主張する「法的責任」を認めない。しかし韓国側は、日本が責任を認め10億円を拠出したことで、法的責任をとらせたと解釈できる、玉虫色の決着であった。

慰安婦合意は破られる

永年の懸案であった慰安婦問題の「最終的かつ不可逆的な解決」をうたった日韓合意について、日本では好意的評価が多数を占めたが、韓国国民は収まらなかった。

韓国国民の多くは、慰安婦問題など過去の清算が未解決のままとなっている根本的な原因は、日韓条約と四つの付属協定（日韓請求権協定、在日同胞法的地位協定、日韓漁業協定、日韓文化財協定）のボタンを当時の韓国政府（朴正熙政権）がかけ間違えたことに起因しているとみなしている。かつては、日韓条約の改定さえ求める声が充満していた時もあった。

ちょうど日韓条約30年目に当たる1995年6月、金泳三政権下で日韓条約改定に向け「韓日過去清算汎国民運動本部」が結成された。留意すべきは、この改定運動が慰安婦に関する河野談話が出された2年後に起きたことである。

人権の守護者でもある金寿煥《キムスファン》枢機卿や、各教団の元老らが共同議長として名を連ねた同本部は、世論を喚起しようと条約改定を求める100万人署名運動を展開したが、この運動には1965年当時、条約に反対した学生運動出身者らの集い「6・3同志会」が加わっていた。「同志会」会長は当時、次期大統領候補の一人として取り沙汰された金徳龍《キムドンリョン》政務第一長官で、会員（215人）には各界各層の指導者の他、国会議員も多数含まれていた。国会終了と同時に廃案となったものの、「6・3同志会」を中心に299人の国会議員のうち106人が連名で「韓日協定再締結勧告案」を国会に提出していた。

条約改定論者らの主張は「未来志向的な韓日関係を築くには両国間の過去清算問題が解決されなければならない。そのためには何よりも過去史の物議の源泉となっている韓日協定を改定しなければならない」というものだった。特に彼らが問題にしたのは、日韓基本条約の序文に「植民地支配に対する謝罪」が明記されていなかったことだ。

日韓条約のどこにも36年間の植民地統治が不法との明示がないばかりか、条約の第二条に「最終的に完全に解決された」との規定を日本政府が金科玉条として、国連人権委員会の勧告にも関わらず従軍慰安婦への謝罪、損害賠償を拒否していることに不満を露わにしていた。

日韓条約及び付属協定が再検討されなければならないのは、日帝36年間の植民地支配と侵略戦争責任を明確に清算できないままに日本に免罪符を与えてしまった「売国協定」であるとの言い分である。屈辱外交の象徴であり、反歴史的、反民族的条約である以上、基本条約の付属協定である「紛争の解決に関する交換公文」により、外交ルートを通じて条約の再検討問題を日本側に提起すべきと「国民運動本部」は韓国政府に進言していた。

問題提起の国際法上の論理としては、国際条約法上の事情変更の原則、過ちと欺瞞《ぎまん》による条約の終了もしくは無効にすることができる「1969年ウィーン条約法」により、日韓基本条約及び付属協定の全面再検討を要求することができると、彼らは唱えていた。また、「韓国政府は国際法と国際慣例に立脚して日韓請求権協定に従軍慰安婦の人権侵害に対する賠償問題や戦争犯罪のような刑事責任が含まれなかったことを公式的にはっきりさせるべき」とも主張していた。

日本政府は条約をたてに韓国側との再交渉を拒んでいるが、韓国側は誠意があるなら、条約を弾力的に、あるいは拡大解釈して対応するか、条約が足枷《あしかせ》になるなら、協議して条約を改定すれば済む話だとさえ考えていた。日本でも、1951年にサンフランシスコ講和条約と同時に米国との間で調印された安保条約が1960年に改定され、新条約が締結されているし、日米の地位協定についても在日米軍の刑事裁判手続では米軍人及び軍属の起訴前の拘禁の移転とか、軍属に対する裁判権の行使の面などで運用の改善が行われている。まして、「金科玉条」としてきた日本国憲法ですら「時代に沿わない」という理由だけで改正しようとしている日本だから、できないはずはないと考えていた韓国人がいたとしても不思議ではない。

しかし、金泳三政権が退陣し、日本との未来志向の関係を目指す金大中政権が登場すると、日韓条約改定機運は消沈してしまった。金大中政権にとって慰安婦問題よりも経済立て直しが緊要だった。加えて、日本政府が日韓漁業協定の破棄を通告していたことのほうがはるかに深刻な問題だった。これについては先述したが、金大中政権は日本への外交的報復措置として、日本の国連安保理常任理事国加盟に反対し、加えて慰安婦問題で日本政府の法的責任を追及することを決めた。金大中政権は慰安婦問題を日本に対抗するための「外交カード」として使ったのだ。

金大中大統領は1998年10月に来日、植民地支配がもたらした苦痛と損害に対する日本の「おわび」が文書化された共同宣言を、小渕政権との間で交わしたことで「今後、韓国政府は、過去の問題を持ち出さないようにしたい。自分が責任を持つ」と言明した。

当時、アジア金融危機に直面していた金大中の訪日の狙いは、30億ドル相当の金融支援、投資の増大、韓国にとって大幅赤字となっている日韓貿易不均衡の解消にあり、そのために過去の清算、慰安婦問題をカードに使ったといって過言ではない。

朴槿恵政権も同じように、政治的、経済的、外交的理由、すなわち利害関係や損得勘定から日本と手を打ったということになれば、再び歴史問題が蒸し返され、慰安婦合意が破られる可能性は高い。またもや元の木阿弥《もくあみ》になるのだ。

私の心配は、すでに2016年8月9日、韓国で開かれた韓国人慰安婦を支援する「和解・癒やし財団」の事業内容を話し合う外務省局長級協議で現実のものとなった。

韓国外務省は「双方の関心事について協議する」と説明しているが、韓国政府は日本政府が財団への拠出を約束した10億円について、日本側は拠出金の使途と拠出の「条件」である「暗黙の約束」、つまり日本大使館前の「少女像」の移転問題を提起するほか、支援金が「賠償金」ではないことをはっきりさせようとしたほか、日韓合意の文書化が見送られたことについて、支援金の拠出によって「最終的に解決した」ことを文書化したい意向だった。

問題の「少女像」の撤去について、韓国政府は「日本政府が在韓国日本大使館前の少女像に対し、公館の安寧・威厳の維持の観点から懸念していることを認知し、韓国政府としても、可能な対応方向について関連団体との協議を行う等を通じて、適切に解決されるよう努力する」と日本側に約束していた。

韓国政府は当初「民間が設置したので強制できないが、問題が解決すれば、自然に他の場所に移されるだろう」と楽観視していたが、世論調査の結果、国民の多くが「撤去に反対」していることがわかると一転、慎重になり、今では「不可」の立場に転じている。

朴槿恵前大統領から「和解・癒やし財団」の理事長に据えられた金兌玄《キムテヒョン》理事長は、この件について「我々はすでに一線を画しており、これを信じなければならない。少女像のために10億円が出なかったり、これを受け取って韓国政府が少女像問題に絡めたりすることはしない。日本が少女像を問題視し10億円を出さなければ合意を破棄することになり、日本は世界的に孤立せざるを得ない。万が一にも日本が少女像問題を持ち出すならば、私は財団理事長職を差し出す」と言い出す始末である。

朴槿恵政権は安倍政権に「善処」を約束したにもかかわらず野党がこぞって反対し、加えて国民もノーを突きつけ、さらに総選挙で与党が大敗し過半数割れしてしまい、レームダックに陥ったことで「少女像」の撤去問題では引くに引けない立場に追い込まれた。

しかし、「少女像」の設置がソウルだけでなく、釜山やその他の地域にも、また国外にも波及している事態を日本政府は問題視しており、日本にとって「少女像」の棚上げ、放置はあり得ない。韓国国内では釜山の日本総領事館の前にも建てられたほか、新たに京畿道の安養市や慶尚北道の大邱市など8か所に建立が計画されている。外国にも拡散し、米国ではカリフォルニア州サンフランシスコの中国人街に慰安婦像が設置され、さらに大都市のアトランタにも設置の動きがある。米国に続きカナダでも、そして豪州でも最大都市シドニー郊外に建てられた。像の建立は韓国内外で50か所を超える見込みだ。

自民党は「少女像」の撤去が「日韓合意の重要な要素」であるとし、韓国政府の対応への不満が続出した。日韓合意では「和解・癒やし財団」の事業を着実に実施するとの前提で「この問題（慰安婦の問題）が最終的かつ不可逆的に解決される」ことや「国連および国際社会で互いに非難、批判することを控える」ことが約束されているからだ。

結局、日本側は10億円拠出を8月31日に履行し、「和解・癒やし財団」は、慰安婦像の撤去とは別の話だと言いながら、金銭を受領した。

結局、朴前大統領は２０１６年12月に国会で弾劾され、職務停止となってしまったことから、日韓合意の履行どころではなくなった。その間隙を突くように少女像問題は飛び火してゆき、撤去はますます難しくなった。

日本が怒る理由

韓国人元従軍慰安婦問題をめぐる日韓合意は、非公式協議を含めて15回に及ぶ外務省局長級協議を経て、2015年12月28日に交わされたものである。

合意では日本政府が元慰安婦の名誉と尊厳の回復、心の傷を癒やすことを目的に韓国政府が設立する慰安婦支援財団に資金を拠出し、一方韓国政府は日本側が撤去を求めている在韓国日本大使館前の少女像について「日本政府が公館の安寧・威厳の維持の観点から懸念していることを認知し、韓国政府としても可能な対応方向について関連団体との協議を行う等を通じて、適切に解決されるよう努力する」(尹炳世外相)ことが確認されている。

日本の拠出金について尹炳世外相は先の国会で「日本から話があったのか、韓国側が求めたのか」と聞かれた際「私が要求した」と答弁していた。その理由について「金が出てこそ(日本)政府が責任を認め、謝罪したことになる」と説明している。

日本政府はこの合意に従い、２０１６年秋までに韓国側が要求していた10億円を全額拠出済みである。となれば、今度は韓国政府が、ソウル大使館前の慰安婦像の撤去に向けて努力する番だと日本側が期待するのは、至極当然のことである。ところが、撤去どころか、釜山の領事館前に新たな像の建立となれば、それが民間によるものであっても、日本政府が約束違反とみなすのは当然で、抗議の意味で駐韓大使及び釜山総領事の一時帰国措置も止むを得なかった、と言わざるを得ない。

韓国国内では安倍総理の「日本は10億円を拠出したので韓国は誠意を示すべき」との発言に反発の声が上がっているが、その一方で日本政府がこれほどまで不満、抗議を露わにしていることから「密約」が交わされているのではとの疑念も生じている。

日韓合意の再交渉を主張している、次期大統領最有力候補の文在寅氏もその一人で、「日本は駐韓大使や釜山総領事を本国に召還し、通貨スワップを中断するなど非常に強気の報復措置を取っているところをみると、韓国政府が少女像問題に対して何か裏で合意をし、その合意を国民に堂々と明らかにできずにいるのではないか。国民を騙しているのではないのかと疑わざるを得ない」と朴槿恵政権への不信を露わにしていた。

また、同じ党の李仁栄《イインヨン》議員は「日本の報道では『振り込め詐欺にあった』との声が沸き起こっているのに政府が軟弱な話ばかりしているところをみると、裏面合意があったのではとの声が起きるのは当然かもしれない」と疑問を呈し、「韓日慰安婦合意過程における（外務省）局長級会議録を公開せよ」と政府に要求している。

さらに、与党「セヌリ党」から分離した新党「正しい党」の張濟元《ジェウォン》代弁人も「日本が国際社会の信頼について語り、また10億円を払ったと言っているところをみると、（少女像の撤去について）暗黙的な合意があったのでは」とみて「少女像の撤去合意が全体の前提条件となっているのか、政府は明らかにすべき」と迫っている。

日本政府がウィーン条約を盾に大使館前の慰安婦像の撤去を求めていたことは一連の交渉過程からも明らかだ。日本の要求に対して韓国は、

- 条件を付けるべきではない
- 民間が設置したので強制できない
- 問題が解決すれば、自然に他の場所に移される

というのが表向きの対応だが、尹炳世外相が２０１７年１月13日の国会外交統一委員会で「国際社会では外交公館前に施設物や造形物を設置することは国際関係の側面から望ま

しくないというのが一般的な立場」との認識を示していたことから、韓国が撤去を事前約束していた可能性は否めない。というのも、韓国には「前科」があるからだ。

過去に日本側に伝えていたことを韓国国民に隠し通したことがあった。その典型が「無償3億ドル、有償2億ドル、民間協力資金1億ドル以上」で対日請求権問題を政治決着させ、1965年に日韓条約の締結にこぎつけた「大平・金鍾泌極秘メモ」である。記憶に新しいところでは2008年の李明博大統領の「竹島発言」がある。

後者の「竹島発言」とは、李明博が2008年4月に訪日した際に開かれた日韓首脳会談の場で福田康夫総理（当時）が中学校社会科の新学習指導要領の解説に竹島を表記せざるを得ないとの日本の立場を説明したところ「今は困る。待ってほしい」と発言していた件を指す。

数か月後、日本政府が領土問題の明記を明らかにするや野党やマスコミから「李明博政権の屈辱外交、無能外交が招いた結果である」と叩かれた李大統領は「認めるわけにはいかない」と強い懸念を表明していたと釈明していたが、実際は「しばらく待ってもらいたい」というのが、李大統領の本音だったようだ。

このことは、読売新聞がすっぱ抜いたことで明るみに出たが、当時「大統領は独島を放棄した」と怒った市民団体（20団体＝１８６６人）が大統領府（青瓦台）に「誤報ならば（読売新聞に対して）毅然たる対応を取るよう」求めたものの、青瓦台は「大統領はそのような発言はしていない」と否認するだけで、読売新聞社に対して何の措置も講じなかった。読売も「報道内容は事実である」と訂正には応じなかった。ことの真相を明らかにするため、市民団体は読売を相手に集団訴訟を起こしたが、結果は原告側の全面敗訴で終わっている。

日韓合意は外務省局長級協議の他に、杉山外務審議官と谷内国家安全保障局長が元駐日大使の李ビョンギ大統領秘書室長（２０１５年2月〜）を相手に非公式協議を重ね、最後は安倍総理が訪韓し、朴槿恵前大統領との首脳会談（11月1日）で確認されている。

尹炳世外相は国会での答弁で「少女像の撤去は合意に含まれていない。約束していない。10億円拠出の条件になっていない」と繰り返しているが、もしかすると、韓国側交渉人の誰かが「今は困る。必ず撤去する。それまで待ってほしい」と言ったのではないだろうか？

韓国のダブルスタンダード

「日韓合意」とソウルの日本大使館前と釜山の領事館前の少女像の撤去問題をめぐって日韓間に外交摩擦が起きたが、「日韓合意」一周年（２０１６年12月28日）に際して実施された調査（世論調査機関「リアルメーター」）ではいずれも「反対」の声が大勢を占めていた。日韓合意については「維持すべき」が25・5％で、「破棄すべき」が59％と二倍以上もあった。（「わからない」が15・５％）

一方、中韓摩擦の原因となっている高高度ミサイル防衛システム（ＴＨＡＡＤ）の配備については「賛成」が反対を上回っているという皮肉な結果が出た。

２０１６年12月30日に発表された同じ世論調査機関の調査によると「早期配備すべき」が33・８％、「配備反対」が26・７％と、賛成派のほうが多かった（この他に「次期政府に委ねるべき」が24・８％、「わからない」も14・７％あった）。

韓国国民の「米韓合意」と「日韓合意」への対応の違いが浮き彫りとなったが、同じような現象が「ポスト朴槿恵」を狙った次期大統領候補らにも共通して起きていた。

大統領選挙は野党系の文在寅候補（野党第一党「共に民主党」の元代表）が、慰安婦問題について「この問題の責任の本質は日本が法的責任を認め、公式に謝罪することだ。それが含まれない合意は認められない」と再交渉を主張しているのは周知の事実だ。

ところが、THAADについては2016年までは「国益の観点から得るものよりも失うものがより多いので再検討すべき」と反対の立場を表明していたが、最近は「米韓で交わされた合意を簡単に取り消せるとは思っていない。安全保障と国際的側面から損得を考慮する必要がある」として「撤回」や「反対」を軽々しく口にしなくなった。

また、途中で大統領選レースを降りた保守系の潘基文《パンギムン》前国連総長は当初「日韓合意という（大統領の）正しい英断に対しては歴史が評価するだろう」と称えていたが、その後は「究極的な完璧な合意は慰安婦らの恨みを晴らすレベルのものでなければならない。日本が拠出した10億円が少女像撤去の条件となっているならば金を返すべき」と立場を豹変させてしまった。

しかし、米国との約束事であるTHAADの配備については「安保次元からTHAADの配備を支持する。朝鮮半島は準戦時状態にあるので配備は当然のことである。米韓関係で合意したのに問題があるからもう一度交渉しようとするのは望ましくない」と「米韓合意」順守を主張していた。

他の大統領候補らも同様で、第二野党の「国民の党」の安哲秀《アンチョルス》前代表は「日韓合意」については再交渉を主張しているが、「米韓合意」については「政府の間で約束した協約を完全になかったものとしてひっくり返すのは難しい」と慎重な立場を取ったし、また、有力候補として急浮上した安熙正《アンヒジョン》忠清南道知事も「米韓間の協約を通じて決定されたものなので尊重すべきである」と安前代表と同じ立場である。

さらに、保守系候補では「日韓合意」について「間違った合意で、売国行為である」と最も辛辣《しんらつ》で強硬な立場を貫いている改革保守新党「正しい政党」の劉承敏《ユスンミン》議員も、ことTHAADについては「国民の生命を守るうえでも配備は必須条件である」と「米韓合意」への支持を表明していた。

「韓国のトランプ」こと李在明《イジェミョン》城南市長も「日韓合意は破棄、再度交渉すべき」の立場だが、「米韓合意」は「韓国のミサイル防衛網が完成した暁には撤収すべきである」と少なくとも「条件付き賛成派」である。

同じ合意であるにもかかわらず、日本と米国に対する韓国世論の温度差は、何とも奇異に感じられてならない。

靖国問題を日本はどうすべきか

私はこれまで、政治家の靖国神社参拝の問題について、マスコミ各社にいくら求められても、一度もコメントしたことはない。

ここで初めて、私の意見を公に明らかにする。ひとことで言って、日本人自身が決めるべき問題だというのが、私の立場だ。

靖国参拝問題は、小泉首相が毎年行ったことで韓国との間で大問題になった。しかし、こうした影響をどう考え、どう対処するかは、日本人自身の問題である。やはり戦犯が埋葬されているから他に戦没者慰霊の施設を作るべきだという議論もあれば、亡くなれば皆、神様、仏様になるのだから行くべきだといった議論を戦わせるのは、日本人がやるべきことである。

その議論した結果、日本人がこうすると決めたら、外国はその決断を尊重すべきではないか。日本人が決めた戦没者慰霊の方式に対して、諸外国からああでもない、こうでもないと言うのは内政干渉になる。戦犯か神霊か、日本人の捉え方に、外国人があれこれ口を出しても仕方がない。決断して行動した結果について全責任を負うのは、日本の政府と国民だからだ。国際社会は日本の議論に任すべきだと考えている。

韓国で戦争責任の問題といえば、朝鮮戦争である。私は北朝鮮と韓国双方の戦争記念博物館を訪問したことがあるが、韓国は北の侵略、北は米帝の侵略と、お互い相手側が侵略してきたと主張していた。北朝鮮には大城山《テソンサン》革命烈士陵という戦没者が埋葬されている陵墓があり、韓国はソウルに国立墓地がある。

ちょうど2005年8月、小泉総理が靖国を参拝するかどうかで注目されていた頃、韓国では金基南《キムギナム》労働党書記を団長とする北朝鮮代表団が、朝鮮戦争の戦死者が埋葬されているソウルの国立墓地を8月14日に参拝し、大きな関心を呼んだ。

外電は「国際法的には戦争状態にある中で北朝鮮代表団がソウルの国立墓地を訪れた」（BBC)、「歴史的事件」（AFP）と伝えた。それもそのはず、韓国人の誰もが想像すらしていなかった訪問だったのだ。北朝鮮側は「祖国解放（独立）のため命を捧げた独立闘士への参拝」と説明していたが、南による侵略戦争と位置付ける北朝鮮にとって、その戦犯や兵士、さらには政敵であった朴正熙大統領が葬られている国立墓地への参拝は、これまでの常識からみてあり得ないことだった。

しかし2002年、当時の金正日総書記は訪朝した朴元大統領の長女・朴槿恵議員に「ソウルに行った時にはお父さんのお墓参りをしたい」と言って驚かせたことがある。私は金正日得意のリップサービスだろうと考えていた。金正日は残念ながら、ソウルを訪問しないまま死去したが、北朝鮮の軍と党の幹部一行がソウルを訪問した際に、金正日の意思そのままに、朝鮮戦争の戦没者の墓をお参りしたわけだ。

北朝鮮側にとっては「いつかは越えなくてはならない関門であった」（林東玉《リムドンオク》統一戦線部第一副部長）ようである。これで困ったのは韓国であった。今度は韓国代表団が、革命烈士陵や金日成主席の遺体が安置されている錦繍山《クムスサン》記念宮殿を参拝するかどうかが大問題になったからだ。

朴正熙は北朝鮮からすれば不倶戴天《ふぐたいてん》の敵だった。北朝鮮側からすると「民族反逆者」である。その反逆者が埋葬されている墓地に、北朝鮮代表が墓参したのだから、私は驚き、考え方を修正した。北朝鮮がそうやって行動で示した以上、韓国も寛大になっていいのではないかと考えるようになったのだ。

もちろん韓国人も、そこまでやるかと驚いたものの、世論は二分されてしまった。韓国での議論を見るにつけ、彼らの度量の小ささが浮き彫りになる。具体的には、北朝鮮を訪問した金大中、盧武鉉大統領は、金日成の遺体が安置されている錦壽山記念宮殿に、結局行かなかったのである。

その理由は、朝鮮戦争の戦犯に参ることは許されないという韓国マスコミや保守団体の声に圧倒されたからだ。まったく同じパターンの批判の声が、日本の政治家の靖国神社参拝についても支配的なのである。そこで私は、閉鎖的な北朝鮮のほうが、この戦没者参拝問題に関してはより進歩的であり、韓国も少しは北朝鮮を見習ったらどうかと考えるようになった。

日本国民が決定したことに対して、韓国はあれこれ言うべきではない。国家関係の基本は内政不干渉である。たとえ自国の意にそぐわないことでも、外交関係ではお互いの選択を尊重する内政不干渉が求められる。

よく韓国が日本に対して、過去に学べとか、歴史の教訓、加害の歴史を忘れているといった非難をする。だが私に言わせれば、韓国はなぜ１９１０年に日本の植民地下に入ってしまったのか反省し、歴史から学ぶべきである。韓国は韓国で二度と同じ道を歩まないように自省すべきだ。逆説的に考えれば、日本が大韓帝国の内政に干渉し続けた結果、最終的に併合されてしまったわけだ。だからこそ、内政干渉をしてはいけないというのが歴史の教訓となる。その蹉跌《さてつ》を一番知っているはずの韓国が、日本の内政問題に口を出すことに、私は反対だ。どの国も隣国が決めた選択を尊重しないと、国家関係は歪《ゆが》み、いずれまともに付き合えなくなってしまうのである。

対北外交進展こそ韓国を黙らせる薬

本書では日韓関係について語ってきたが、最後に、北朝鮮と中国、ロシアを加えた東アジア情勢全体から、これからの日本の外交的選択について考えてみたい。

2002年9月の小泉訪朝以来、日本側の最大の関心事項である拉致問題が一センチたりとも進展しない原因に、中国の協力が得られないことがある。おそらく日朝関係の現状が自国にとって最も望ましいと、中国は考えているだろう。韓国にとっても、拉致を理由にした日朝関係の膠着《こうちゃく》状態が続き、領土問題や歴史認識問題で日中、日露関係が対立し続けている間は、韓国がそれだけ経済的につけ入る余地があると見ているから、日朝接近を恐れる韓国は拉致問題で日本に協力しないことが国益にかなうのだろう。

　中国が日本のために協力しない別の理由は、やはり約１３００キロメートルの国境を接している北朝鮮と手を切るわけにいかない、地政学的な理由もある。北朝鮮が開発する核やミサイルは、中国の「仮想敵国」であるアメリカと日本に、基本的には向けられたものである。北朝鮮が核ミサイルを日本海に配備すれば、中国の安全保障上の前哨基地、防波堤として機能する。これも核開発、ミサイル開発を本気で止めようとはしない理由だろう。

　さらに、中国は現在、内陸部、満州の東北三省、吉林省・黒竜江省・遼寧省に２兆４千億円ほどの大金をつぎ込んで経済発展を成し遂げようとしている。しかし、内陸部の地理的限界で、貿易港が欲しいのだが、北朝鮮とロシアのために東の日本海に出られない。そこで、日本海に面した北朝鮮の港を手に入れたい。具体的には中国、ロシア、北朝鮮の三角地帯に位置する羅先《ラソン》、さらにその下の清津《チョンジン》、これは日本が敗戦後の引き揚げに使った港。さらに元山《ウォンサン》にも食指を伸ばしている。ここは北朝鮮がムスダンミサイルを配備した地であるとともに、万景峰《マンギョンボン》号が新潟から北朝鮮に帰る港でもある。中国はこの三つの港を将来的に手に入れようと狙っている。

中国はさらに、北朝鮮の安い地下資源を狙っている。北朝鮮には膨大な量の鉱物資源が眠っている。金、銀、銅、鉄、亜鉛、マグネサイト、石炭、石灰石、黒鉛、チタン、ニッケル、タングステン、コバルト、マンガン、クロム、ウラン、レアアースと、韓国の統計庁が実態調査をして弾き出した数字によれば、500~600兆円相当の地下資源が未利用のまま埋蔵されている。中国はのどから手が出るほど、これらが欲しい。できることなら独占したい。そのためには、日本企業の進出を阻止したい。それには日朝関係は断絶状態がもっとも望ましい。また南北関係が断絶している限り、韓国も手の出しようがない。これは中国からすると漁夫の利を得られる状況だ。資源外交の見地からも、中国は北朝鮮を手放せないわけである。

私が恐れているのは、北朝鮮が中国に隷属化されれば、いずれ中国が北朝鮮の港を貿易だけでなく、軍港として使うことである。もしそうなれば、羅先、清津、元山という、裏日本と呼ばれる新潟や島根、日本の土手っ腹に面した港が、中国海軍、潜水艦の基地として使われるおそれがある。これは、日本の安全保障にとって由々しき問題だ。

現在の日本は、東シナ海、南シナ海ばかりに目を奪われているが、いつの日か日本海に中国の軍艦や潜水艦が、大々的に配備される可能性もあるのだ。その意味では、北朝鮮が中国に隷属、従属するのは好ましくない。逆に中朝関係の悪化は日本にとって望ましい。

日本は、東アジアで北朝鮮とだけ、領土問題やそれに付随するガス田のような資源紛争を抱えていない。これこそ狙い目である。領土問題は軍事衝突につながりかねないが、北朝鮮との懸案は拉致問題だけだ。今の日本が、拉致問題で北と一戦を交えることは考えにくい。北とは日本海の排他的経済水域も重ならなかったので、１９８０年代までは日本が北朝鮮との間で漁業協定を結び、北朝鮮の領海に日本の漁船が入って、場所代を払って漁をし、何割かを北朝鮮に納めて戻ってくるというような、よき時代があった。

それがいつの間にか、中国が北朝鮮と漁業協定を結び、日本海に中国漁船が大量に入って操業するようになっている。漁船の次は、中朝関係が良好になれば、中国の軍艦、潜水艦がやって来るだろう。

私は中国が北朝鮮を、東北部の一省扱いにしたいのではないかと見ている。だからこそ、今の日朝関係や南北関係を維持することが中国にとって望ましい。現状が続く限り、北朝鮮はより一層、中国に依存せざるを得ない。中国は経済的に北朝鮮を従属させ、コントロールすることができる。経済的従属は必ず外交、政治、軍事的な隷属につながる。金正恩体制は必死で中国と距離をとろうとして、親中派でナンバーツーだった張成沢《チャンソンテク》の粛清を断行したりしているが、将来、金体制が中国の傀儡政権になる可能性はつきまとう。

こうした中朝韓の関係の変化が日本の国益にとってどうプラスに働くか、それともマイナスなのか、検証してみるべきではないかと私は提案したい。

日本人は北朝鮮を、核開発、ミサイル発射、工作船侵入、覚醒剤や偽札を日本に持ち込むなど、どうしようもない国だと考えているだろう。しかし日本の国益にとって一つだけ評価していい事実は、北朝鮮は中国に軍事基地を貸しておらず、中国軍も駐屯させていない点である。これは日本にとり、決して悪い話ではない。だからこそ手遅れにならないうちに、北朝鮮を中国から引き離して、日本側に取り込む戦略を立ててもいいのではないか。では、北朝鮮をどうやって取り込むのか。これは北朝鮮、韓国、中国の関係が今後どうなるかを読み解く、日本の分析力にかかっている。

私がメディアで北朝鮮についてコメントできるのはなぜか。第一章で記したように、私は北朝鮮の水を飲んできた。水を飲んでいない人にはわからない、北朝鮮の真の姿を知っている。簡単な例では、同じようであっても、北朝鮮の言葉を韓国人はなかなか読解できない。分断が続いた結果、言葉が違ってしまっているのだ。テレビを見ていても誤訳が多い。北朝鮮の文脈を知らないと、正しい翻訳ができないのである。さらに言えば、北朝鮮のマインド、気質、いろいろな習性がわからないと、北朝鮮は語れない。だから少しは北の水を飲んだ私は、韓国人や日本人に比べればわかることが多いのだ。

今、中国と北朝鮮、韓国は三つ巴《どもえ》の関係になっている。かつては中朝がべったりだったが、今は中韓が緊密となり、北が離れている。そこで韓国は中朝の間にくさびを打ったと喜んでいる。韓国が割って入ったから中朝が疎遠になったと拍手喝采だ。逆に北朝鮮は嫉妬して、朴槿恵の訪中を批判したりしている。中国に南北ともいいようにコントロールされ、してやられているわけだ。北と南を天秤にかける中国外交が成功しているのである。

同じ民族として、韓国は北朝鮮が、中国の掌《てのひら》の上で苦しむ現状に拍手喝采してはいけない。私の意見では、韓国は一日も早い祖国統一を目指して、北朝鮮側の立場を踏まえて中国にもの申すべき立場なのに、ここぞとばかり中国にすり寄っていくのは非常に情けない。

結局、韓国も北朝鮮も大きいものに巻かれてしまい、大国をバックにライバルを圧倒しようとする事大主義を見透かされた中国に、手玉に取られているのである。しかも韓国は、中国の思う壺になっている現状を理解していない。私には、それが残念で仕方がない。

近年の中朝の関係悪化とともに、中国側の国境に人民解放軍の三個軍団が配備された。北の体制に万が一のことがあれば、越境する構えを見せている。本来なら韓国は中国に対して、それは他国への主権の侵害だと批判すべきであるが、そうした議論さえ起きない。想像力を少し働かせて相手の立場になってみれば、韓国人も反発するはずなのに、北朝鮮にプレッシャーをかけたいという思いが優先して、中国軍の国境地帯への配備に異論を唱えない。しかも、北朝鮮に中国の軍隊はおらず、基地もないことを、これまで韓国は一度たりとも評価したことがない。私は評価してしかるべきだと思うが、米軍を駐屯させている韓国としては、まかり間違ってもそう言えないのだろう。

このまま北朝鮮が中国に経済的に従属していけば、政治・外交、軍事的にも隷属化され、中国の前線基地として要塞化されかねない。そうした事態が韓国の国益に合致するはずがないのである。韓国は、北朝鮮に圧力をかける手段として対中外交に深入りする自分の姿に酔って、中国が北への圧力、影響力を強めるばかりの現実に目をつぶっている。それが最終的にブーメランとなって韓国にはね返り、安全保障に致命的な事態をもたらす現実が見えていない。韓国は中国軍の越境と北朝鮮駐屯を望むのか、少し冷静に考えればすぐわかることだ。

本来、北朝鮮の言うように、外国軍の影響をできるだけ排し、例えば韓国の米軍基地を撤去するよう努力するほうが、民族的には正論のはずである。

北朝鮮は建国以来、親ソ派と親中派は完全に粛清したが、親日派への粛清はそこまで徹底しなかった。これは興味深いことである。日本育ちの幹部は意外と多い。例えば朴成哲《パクソンチョル》。日本の明治大学中退にもかかわらず、金日成時代に首相や国家副主席を歴任した。

逆に言えば建国後の北朝鮮で、いかに中国とソ連の影響力が強かったかということであろう。その結果、北朝鮮のほうが韓国に比べて、意外にも反日感情は強くない。だからこそ金日成が90年に金丸訪朝団を、そして金正日が２００２年に小泉訪朝を受け入れ、国交正常化交渉への意欲を見せたのだ。

北朝鮮は小泉首相が繰り返し靖国を参拝しても、韓国と違って目をつぶっていた。今なお北朝鮮が日本にアプローチしようとしていることは、日本にとってキーポイントだと思える。日本は北朝鮮を引き寄せるべきだというのが私の持論だ。国交を結んでいない北朝鮮が接近してくることを、日本は国交を結んでも今なお反日を叫ぶ、韓国へのカウンターとして使える。北との交渉は、日朝韓の関係を再構築するいい機会になるだろう。北朝鮮のような「伝統的な」反日国家を少しでも親日にしていくことが、日本の国益に合致すると私は一貫して主張している。夢のような話に聞こえるかもしれないが、できないことはない。

韓国の高齢者が日本に対するノスタルジーを感じているのと同様、北朝鮮も金日成、金正日の時代の日本の文化、慣習の影響から抜けきれていない。金正日は側近を集めて酒が入ると、宴会の締めで、よく「ラバウル小唄」を歌っていたという。

こういう「日帝残滓《ざんし》」の要素が依然として残っているからこそ、北朝鮮という国は、日本のいい部分も悪い部分もよく知っているわけだ。韓国は「親日反民族行為者清算」と称して親日分子を徹底的に洗い流し、市民権をはく奪して財産まで没収しようと今なお努力している。北朝鮮は1960年代まで「親日清算」があったと聞いているが、今はそういうことはしていない。

私は、今なお北朝鮮が日本との関係改善を望んでアプローチしてくるところに、今後の可能性を見る。なぜなら日朝が接近すればするほど、韓国は焦って日本に寄って来るからだ。必然的に反日感情は和らぐ。極論すれば、もし日朝が国交正常化してしまったら、その瞬間に韓国は反日の言動を控え、日本との関係強化に積極的に乗り出すだろう。これは断言できる。なぜなら前述したように、抗日パルチザンで実際に戦った正統性を持つ北朝鮮と日本が過去の清算を果たし、国交正常化してしまうと、今の韓国による日本叩き、慰安婦、徴用工、日韓条約見直しその他は、北朝鮮からみれば大きな問題ではなくなるからだ。70年間果たされなかった日朝間の過去の清算の持つ意味は、韓国よりもずっと大きいのだ。それを日本が拉致問題の解決とともに達成して、国交を結んでしまうと、韓国の存在は薄くなり、日本に強く言えなくなるだろう。

そう考えれば、日朝韓の今後の関係を正常化していくカギを握るのは、北朝鮮だと私は考える。日本外交の努力次第で、北朝鮮カードを韓国および中国をけん制するカードに使える。最も反日だとされる北朝鮮を取り込むことで、日本社会に漂っている韓国や中国に対する反発の感情を一挙に晴らすことができるのだ。

その意味で、日本政府は、北朝鮮カードをもっと巧みに使うのも手である。

かつて私は、雑誌の仕事で、一年生議員だった頃の安倍総理と韓国の若手政治家の対論の司会をしたことがある。安倍議員は次のように発言していた。「アジアに限って言えば、我が国は多大な迷惑をかけ、韓国に対しては植民地化だったと認識しています。両国にとって日韓併合は間違ったスタートだったと思っています。しかし、いわゆる強制的なものであったとしても、形が整っていたのは事実でしょう。当時日本が対ロシアとの安全保障の問題を抱え、そうした状況から日韓併合が出てきたのも事実です」。すると韓国の元恵栄《ウォンヘヨン》国会議員から「私が気掛かりなのは、日本が朝鮮半島の統一を望んでいないのではないか、朝鮮半島の安定が、東アジア、ひいては世界の平和に貢献するということを認識していないのではないでしょうか」と聞かれると、「北朝鮮という非常に極端な国がなくなって、韓国と統一し、民主的な国家が誕生することが、日本の安全保障上からもプラスになると私は考えています」「日本の立場としては、我々の世代はもう二度と同じ過ちを絶対に繰り返さないということを宣言し、そしてお互いに過去を正しく踏まえ、マナーを持ってつき合っていくことが大切だと思います」と明快に答えていた（『ＳＡＰＩＯ』１９９４年２月24日号）

当時の発言をみても、安倍晋三という政治家はまったくブレていないことがわかる。総理になったからといって信念を変えたわけではない。韓国人はかつての「戦後レジームからの脱却」という発言から、いまだに安倍内閣を「極右」と非難し続けているが、皮相な見方であり、いまさらとしか思えない。

日本は自力で新時代の外交を切り開いていけるし、安倍総理も中国やロシアの動向を踏まえ、新たな日朝韓の関係を構築しようと努力している。在日のアドバイスに耳を貸そうとせず、中国に手玉に取られ、「ジャパン・ディスカウント」をくりひろげる韓国外交では未来は開けない。東京からソウルと世界を俯瞰《ふかん》している私の本音である。

おわりに　日韓関係の今後

２０１７年3月、憲法裁判所の罷免宣告を受けて失職し、大統領官邸を去った朴槿恵前大統領は側近を通じて「大統領としての使命を最後まで果たせず、申し訳ないと思っている」との遺憾の意を表明し、また「時間はかかるだろうが、真実は必ず明らかになると信じている」と述べたようだ。これは、裁判の決定への事実上の「不服宣言」でもあり、同時に今後「法廷闘争」を行うことを宣言したことに等しい。

熱狂的な支持者ら1千人以上が集まったソウル・三成洞《サムソンドン》にある私邸への帰宅は、まるで勝利者か英雄の凱旋《がいせん》を思わせるような光景だった。落胆、失望し、憔悴《しょうすい》しきっていると思いきや、意外にも満面に笑みを浮かべていた。国民の中には悲嘆のあまり、検察出頭直前に崖から飛び降り自殺した盧武鉉元大統領の二の舞にならなければと心配する向きもあったが、杞憂《きゆう》に過ぎなかったことがわかる。

それでも精一杯の作り笑いのように見えてならない。おそらく、罷免された瞬間は怒り、一人泣き崩れたのではないだろうか。というのも本人にとって罷免判決は想定外だったからだ。そのことは、万が一のための引っ越しの準備を事前に一切行っていなかったことからも窺《うかが》い知れる。

青瓦台関係者の話では、朴前大統領は5対3か、最悪でもその逆の3対5で確実に棄却されると信じていたようだ。そう信じるのも無理もない。というのも、8人の裁判官のうち6人が保守派と言われ、そのうち2人は大統領自らが任命し、もう一人も与党（セヌリ党）から指名されていたからである。少なくとも3人が罷免に反対すれば、棄却されるはずだった。それが事もあろうに8人全員が罷免賛成だったから、彼女が受けた衝撃は計り知れないものだったはずだ。

実は、朴前大統領が憲法裁判所の判決前に、電撃的に辞任するのではとの見方が一部では流れていた。罷免という汚名を着せられるよりも、自ら辞任という名誉ある道を選んだほうが今後にプラスに作用するとみられていたからだ。親朴派議員や朴前大統領の周辺でもそうした期待感があった。しかし、肝心の朴前大統領には馬耳東風だった。それもこれも絶対に勝てると確信していたからに他ならない。

朴前大統領が憲法裁判所の判決に承服しない理由は「国のために良かれと思ってやった

ことだ。私自身は一銭ももらってない」と一貫して身の潔白を主張していることに尽きる。

46歳で政界入りした朴前大統領は、野党時代の2004年にハンナラ党の党首に就任、女性の党首としては39年ぶりの「快挙」であった。苦戦を伝えられていた2012年4月の総選挙を陣頭で指揮し、善戦したことで与党では「セヌリ党のジャンヌ・ダルク」と称されるほど逆境には強かった。この年の12月に行われた大統領選挙でも序盤でリードを許していた対立候補（文在寅候補）に逆転勝利し、当選を果たしている。「雌鶏《めんどり》泣くと国滅びる」ということわざが闊歩《かっぽ》する、男尊女卑の封建的な風土が残存している韓国社会にあって、女性元首の誕生はまさに快挙であった。

朴前大統領と初対面したオバマ前大統領は「想像以上に強情な人との印象を受けた」と彼女の人柄について語っていたことがある。この言葉を聞いて一瞬、強硬な政治姿勢から「鉄の女」の異名を取ったことで知られる英国のサッチャー元首相を連想したが、身内でもある金鍾泌元総理も彼女について「一筋縄ではいかない。誰の言うことも聞かない」と彼女の人物像を語っていた。

国会で議員の4分の3の投票で弾劾されても、毎週土曜に100万人規模の弾劾デモが起きても、支持率が歴大統領過去最低の4％台に落ち込んでも、罷免されるまで大統領の座に居座り続けたのは「自分は間違ったことはしていない」との強情な彼女の性格によるものかもしれない。もし今後強制的に連行・逮捕され、裁判にかけられたら、今度は「悲運の政治犯」として保守派らの結集を呼びかけ、獄中から「政治闘争」に訴えようとするかもしれない。

ジャンヌ・ダルクはイングランドとの百年戦争で重要な戦いに参戦して勝利を収め、後のフランス王シャルル7世の戴冠に貢献するなど英雄となったが、その後、「不服従と異端」の疑いで審問にかけられ、最後は処刑されて生涯を閉じている。しかし、死去して25年後にジャンヌの復権裁判が行われ、無実と殉教が宣言されている。

「時間はかかるだろうが、真実は必ず明らかになると信じている」と述べた朴前大統領はまさか本当に、ジャンヌ・ダルクを夢見ているのかもしれない。

いずれにせよ、女性初の朴前大統領ですら、「大統領を殺す国」という韓国政治の暗部から逃れられなかった。悲惨な末路をたどる歴史が繰り返されてもなお、政治家は大統領をめざす。韓国では軍事政権から解放され、民主化された後、ナショナリズムが反日と結びつき、日韓関係が悪化していったことは本文で触れたが、新大統領への選出が最有力視されている文在寅候補も、筋金入りの「反日大統領」になるといわれている。新政権が日韓慰安婦合意を破棄し、日本に再交渉を要求すれば、両国関係はますますおかしくなる可能性もあるだろう。

新政権の下で、今後の日韓対立はどうなってしまうのか。これ以上の感情的な応酬を避けるために、日本はどう対処すればいいのか。このままではいけない、何とかしなければならないとの強い思いで、韓国とのつき合い方を変えるポイントを、本書で指摘したつもりである。日韓双方に深い縁を持つ立場から、両国関係が少しでも建設的な方向へ変化することを願ってやまない。

2017年3月

辺　真一

【著者略歴】
辺　真一（ピョン・ジンイル）
ジャーナリスト。「コリア・レポート」編集長。東京生まれ。明治学院大学英文科卒、新聞記者を経て、フリー。1982年 朝鮮半島問題専門誌「コリア・レポート」創刊。1986年 テレビ、ラジオで評論活動を開始。1998年 ラジオ短波「アジアニュース」パーソナリティー。1999年 参議院朝鮮問題調査会の参考人。2003年 沖縄大学客員教授、海上保安庁政策アドバイザー（～2015年3月）を歴任。外国特派員協会会員、日本ペンクラブ会員。主な著書に『世界が一目置く日本人、残念な日本人』（三笠書房）、『大統領を殺す国 韓国』（角川新書）、『「金正恩の北朝鮮」と日本』（小学館）、『北朝鮮100の新常識』（ザ・マサダ）、『韓国人と上手につきあう法』（ジャパンミックス）など多数。

在日の涙　間違いだらけの日韓関係

2017年4月17日　第1刷発行
2017年5月21日　第3刷発行

著　者　辺　真一

発行者　土井尚道
発行所　株式会社　飛鳥新社
〒101-0003 東京都千代田区一ツ橋 2-4-3　光文恒産ビル
電話（営業）03-3263-7770（編集）03-3263-7773
http://www.asukashinsha.co.jp

装　幀　芦澤泰偉
編集プロデュース　遠藤邦正

印刷・製本　中央精版印刷株式会社

ISBN 978-4-86410-477-7

編集担当　工藤博海